U0814163

保险行业核心价值理念

- 守信用
- 担风险
- 重服务
- 合规范

保险监管核心价值理念

- 为民监管
- 依法公正
- 科学审慎
- 务实高效

目录

2014中国保险市场年报

ANNUAL REPORT OF CHINA INSURANCE MARKET 2014

Contents

主席致辞

2013年，在党中央、国务院的正确领导下，保险业牢牢把握稳中求进的工作基调，正确处理改革、发展、稳定的关系，紧紧围绕“抓服务、严监管、防风险、促发展”，着力防范化解风险，努力规范市场秩序，积极推进市场化改革创新。一年来，保险业务较快增长，风险得到有效防范，服务能力进一步提升，保险市场呈现出行业发展与服务大局相统一、市场创新与监管改革相互促进的良好局面。

业务发展平稳回升

2013年，保险业保持了平稳回升的良好势头，行业整体实力进一步增强。全年实现原保险保费收入1.72万亿元①，同比增长11.2%，比上年提高3.2个百分点，扭转了业务增速连续下滑的势头。财产险业务继续保持较快增长，原保险保费收入达6 212.3亿元，同比增长16.5%。人身险业务企稳回升，原保险保费收入达1.1万亿元，同比增长8.4%。2013年我国保险市场规模全球排名第四位。保险公司总资产达8.3万亿元，较年初增长12.7%；净资产为8 588亿元，较年初增长8.8%；利润总额达1 010.6亿元，同比增长129.5%。我国保险业国际影响力持续扩大，平安保险集团入选全球系统重要性保险机构。

市场化改革全面推进

2013年，保监会启动人身险费率定价机制改革，取消了普通型人身险产品2.5%预定利

① 除特殊说明外，本年报中数据为执行《企业会计准则解释第2号》后的年度审计数据。

率上限，明确了法定责任准备金评估利率标准，强化了准备金和偿付能力监管约束，在风险可控的前提下为提升保障型产品竞争力创造了条件。推进资金运用市场化改革，减少行政审批，将基础设施投资计划发行方式由备案制改为注册制。改进保险机构投资能力监管，对投资能力实行牌照化管理，简化现场评估程序。深化市场准入退出机制改革，实施保险公司业务范围分级、分类管理，适度放开单一股东持股比例，建立中资保险法人机构审核委员会制度，制定保险公司收购合并管理办法，完善市场退出和风险处置制度。继续推进保险营销体制改革，颁布实施保险销售从业人员监管办法，统一销售人员的资格要求和职业规范。保险业改革发展取得了良好效果。人身险费率市场化增强了市场活力，2013 年 8 月改革实施后，2013 年 8—12 月普通型人身险新单保费同比增长 520%，增速创 13 年来新高。资金运用改革拓宽了投资渠道、优化了资产结构、提高了投资收益。全行业实现投资收益 3 658.3 亿元，收益率为 5.04%，比上年提高 1.65 个百分点，是近 4 年来的最好水平。

市场风险得到有效防范

2013 年，保险监管坚持把防范化解风险作为首要任务，加强对风险的监测预警和处置化解。针对集中满期给付和非正常退保制订应急预案，强化保险公司的主体责任，切实防范重点地区和重点公司的风险。针对投资渠道放开的新变化，切实加强资金运用风险防范，强化信用风险管理和资产负债匹配监管，落实保险机构投资风险责任人制度。在全行业排查不当股权激励、涉嫌传销、非法集资和非法销售金融理财产品等风险隐患，努力将风险消灭在萌芽状态。

监管工作进一步增强

2013 年，保险监管注重远近结合，在加强行业制度建设的同时，也致力于为行业发展营造良好的内外部环境。全面推进第二代偿付能力制度体系建设，完成整体框架设计，开展具体技术标准的制定。与欧盟偿付能力等效评估工作取得重要进展，积极参与共同框架等国际规则制定。创新资本补充渠道，允许保险集团发行次级债，多渠道增强保险公司资本实力和抗风险能力。全年共增资 592.6 亿元，发行次级债等 259.5 亿元。进一步加强与政府有关部门的沟通协调，争取国家对农业保险、责任保险、养老保险和健康保险等涉及国计民生的保险业务给予支持。将每年的 7 月 8 日定为“全国保险公众宣传日”，在全国各地集中开展保险知识普及宣传活动。通过报刊、微博等多种形式，加强新闻宣传和舆论引导，扩大社会影响。开展“保险让生活更美好”的形象宣传，营造有利于行业发展的良好环境。

市场秩序进一步规范

2013 年，针对市场非理性竞争有所抬头的现象，保险监管加大检查力度，继续保持对违法违规行为的高压态势。突出检查重点，以保险公司法人机构和车商兼业代理机构为重点，对公司治理和内控、数据真实性、准备金管理、股东行为等问题，有针对性地开展专项检查和综合检查。加大查处力度，全年共派出 2 493 个检查组，对 2 511 家保险机构进行了现场检查，直接检查总公司 19 家。对 639 家机构和 820 人实施了行政处罚，其中，责令撤换高管 20 人，对机构和个人分别罚款 5 560 万元和 1 004 万元，查处商业贿赂案件 7 起。建立长效机制，制定电话销售和银保渠道销售行为管理办法，规范重点、热点渠道销售行为。严格执行双罚制，累计超过 3 000 人次被列入“保险机构和高管人员管理信息系统”不良记录库，在监管系统内共享。

消费者利益得到切实保护

2013 年，保险监管针对消费者反映集中的突出问题，加强综合治理，健全制度机制，促进行业提升服务水平。加大综合治理力度，加强人身险客户信息真实性管理，完善寿险综合治理销售误导效果评价机制，建立车险理赔服务评价指标体系，推动理赔服务标准化。开展车险理赔难专项检查，及时清理积压未决赔案。制定消费者投诉处理管理办法，完善公司投诉处理考评机制，畅通消费者投诉渠道，定期向社会通报消费者投诉情况，提高投诉处理工作水平。全年处理各类保险消费投诉 2.1 万件，“12378”热线全国转人工呼入总量近 17 万个，群众满意度超过 98%。完善消费者利益保护机制，健全保险纠纷调处机制，新增保险纠纷调解机构 107 家，成功调解纠纷案件 2.6 万件，涉及金额 8.4 亿元。指导建立保险纠纷“诉调对接”机制，调解案件 2 万件。消费者教育工作不断推进，广度和深度进一步提升。

服务经济社会的能力不断提高

2013 年，全年农业保险原保险保费收入达 306.6 亿元，同比增长 27.4%，向 3 177 万受灾农户支付赔款 208.6 亿元，同比增长 41%。承保主要农作物突破 10 亿亩，占全国主要农作物播种面积的 42%，提供风险保障突破 1 万亿元。责任保险原保险保费收入 216.6 亿元，为食品、环境、医疗等领域提供风险保障 48.6 万亿元。出口信用保险原保险保费收入 155.2 亿元，向近 4.5 万家企业提供风险保障 2.86 万亿元，为稳定国家外需作出了贡献。大病保险在全国 25 个省的 144 个统筹地区全面推开，覆盖人口 3.6 亿人。2013 年一系列重大灾害事故发生后，保险业全力以赴开展抗灾救灾、保险理赔，为缓解灾区人民的生产、生活困难和促进当地社会稳定作出了积极贡献。如黑龙江洪灾导致全省 4 800 万亩农作物受灾，农业保险向 50.9 万名农户支付赔款 27.2 亿元，户均 5 331 元，最高的一户赔款达 352 万元。对“菲特”台风造成的损失，保险业支付赔款 52.8 亿元。另外，在广东台风暴雨灾害、芦山地震灾害以及香格里拉火灾事故处置中，保险业都发挥了积极作用。

2013年，保险业克服重重困难，行业发展和监管都取得了巨大成绩。这些成绩的取得，得益于党中央、国务院的正确领导，得益于社会各界的支持，得益于全行业的辛勤工作。在此，我谨代表中国保监会，向保险业全体干部职工表示亲切的慰问，向长期以来关心和支持保险业改革发展的社会各界人士表示诚挚的谢意！

2014年是我国全面深化改革的第一年，也是推进保险监管现代化的关键一年。保险业和保险监管将继续全面贯彻落实党的十八大、十八届二中全会、十八届三中全会、中央经济工作会议和习近平总书记系列重要讲话精神，坚持稳中求进的总基调，把改革创新贯穿于保险监管和行业发展的各个环节，不断提高保险业发展和保险监管的能力和水平，不断开创保险工作新局面，进一步提高服务经济社会能力，为全面建成小康社会和实现中华民族伟大复兴的"中国梦"作出新的更大贡献。

中国保险监督管理委员会主席 项俊波

2014年7月15日

保险系统员工摄影作品

保险系统员工摄影作品

02

经济社会的进步和发展

- 经济运行稳中向好，奠定了保险业的发展基础
- 社会事业蓬勃发展，为保险业发展提供了广阔空间
- 金融体系稳健运行，服务经济社会能力进一步提升

2013年，面对世界经济复苏艰难、国内经济下行压力加大、自然灾害频发、多重矛盾交织的复杂形势，全国各族人民在党中央、国务院的正确领导下，从容应对挑战，奋力攻坚克难，圆满实现全年经济社会发展的主要预期目标，改革开放和社会主义现代化建设取得令人瞩目的重大成就。

经济运行稳中向好，奠定了保险业的发展基础

2013年，中国政府坚持稳中求进的工作总基调，统筹稳增长、调结构、促改革，坚持宏观政策要稳、微观政策要活、社会政策要托底，创新宏观调控思路和方式，采取一系列既利当前更惠长远的举措，国民经济呈现稳中有进、稳中向好的发展态势，为保险业发展奠定了良好基础。

经济运行稳中向好

2013年，面对错综复杂的外部经济环境，国家继续实施积极的财政政策和稳健的货币政策，保持政策的连续性和稳定性，增强前瞻性、针对性和灵活性，经济运行稳中向好。国内生产总值达到56.9万亿元，比上年增长7.7%。全年全国公共财政收入12.9万亿元，比上年增长10.1%，其中，税收收入11万亿元，比上年增长9.8%。国家外汇储备3.8万亿美元，比上年末增加5 097亿美元。

农业基础地位进一步加强

2013年，按照“保供增收惠民生、改革创新添活力”的工作目标，国家不断加大农村改革、政策扶持和科技驱动力度，进一步解放和发展了农村社会生产力。中央一号文件对加快发展现代农业作出重要部署，提出建立重要农产品供给保障机制、健全农业支持保护制度、创新农业生产经营机制、构建农业社会化服务新机制等一系列重要措施。2013年，我国农业农村发展持续向好、稳中有进，粮食生产再创历史新高，城乡居民收入差距继续缩小，农村改革向纵深推进，农村民生有新的改善，农村社会保持和谐稳定。全年全国粮食总产量达到60 194万吨，比上年增加1 236万吨，增长2.1%，实现连续十年增产。农业、农村发展的成就，为促进经济平稳较快发展与社会和谐稳定提供了重要支撑，为全面建成小康社会奠定了坚实基础，为推进城镇化提供了有力保障。

结构调整取得积极成效

2013年，国家注重调整经济结构，提高发展质量和效益。针对阻碍发展的结构性问题，精准发力，运用市场手段和差别化政策，在优化结构中稳增长，在创新驱动中促转型，推动提质增效升级，产业、区域、城乡等经济结构均有所改善。2013年，服务业增加值比重达到46.1%，首次超过第二产业，高技术制造业比重进一步提高。积极化解部分行业产能严重过剩矛盾，推进节能减排和污染防治，能源消耗强度下降3.7%，二氧化硫、化

学需氧量排放量分别下降3.5%、2.9%。地区投资结构进一步改善。2013年，中部、西部和东北地区固定资产投资同比增速分别比东部地区高4.3个、4.9个和0.5个百分点。基础设施建设进一步加强。推进地下管网等城市基础设施建设，拓展油气和电力输配网络。非化石能源发电量比重达到22.3%。加强民航、水运、信息、邮政网络建设。深化科技体制改革，实施知识、技术创新等工程。超级计算、智能机器人、超级杂交稻等一批关键技术实现重大突破。神舟十号载人飞船与天宫一号目标飞行器成功实施首次绕飞交会试验，嫦娥三号探测器顺利实现首次在地外天体软着陆和巡视勘察，"蛟龙号"载人潜水器实现从深潜海试到科学应用的跨越。

改革开放继续深化

2013年，改革开放进一步深化，市场活力和内生动力得到激发。党的十八届三中全会于2013年11月召开，对全面深化改革进行了动员和部署。政府加快转变职能、简政放权，国务院机构改革有序实施，分批取消和下放了416项行政审批等事项，修订政府核准的投资项目目录，推动工商登记制度改革。在全国进行中小企业股份转让系统试点。设立中国（上海）自由贸易试验区，探索准入前国民待遇加负面清单的管理模式。进一步深化对外开放，全年货物出口增长7.9%，进口增长7.3%，进出口差额为2 592亿美元。提出建设丝绸之路经济带、21世纪海上丝绸之路的构想。打造中国—东盟自贸区升级版。成功应对光伏"双反"等重大贸易摩擦。推动高铁、核电等技术装备走出国门，对外投资大幅增加，出境旅游近亿人次。

社会事业蓬勃发展，为保险业发展提供了广阔空间

2013年，国家始终把改善民生作为工作的出发点和落脚点，注重制度建设，兜住民生底线，推动社会事业发展，为保险业发展提供了宽广空间。

人民生活水平得到持续提高

2013年，我国居民收入水平持续提高。农村居民人均纯收入为8 896元，比上年实际增长9.3%；城镇居民人均可支配收入达26 955元，实际增长7.0%。居民消费水平持续提高。2013年农村居民恩格尔系数为37.7%，比上年下降1.6个百分点；城镇居民恩格尔系数为35%，比上年下降1.2个百分点。限额以上企业商品零售额中，金银珠宝类、家具类、通信器材类等热点消费领域销售额均实现了20%以上的增长，汽车类销售增速也比上年加快3.1个百分点；年末全国民用轿车保有量达7 126万辆，增长19%。

保障和改善民生力度切实加强

2013年，全国就业持续增加，全年城镇新增就业1 310万人，年末城镇登记失业率为4.05%，略低于上年末的4.09%。新开工保障性安居工程666万套，基本建成544万套，上

千万住房困难群众乔迁新居。教育科技文化事业持续发展，全年研究生招生 61.1 万人，普通本专科招生 699.8 万人，全年研究与试验发展经费支出同比增长 15.6%。文化产业增加值增长 15% 以上。完善全民健身服务体系，成功举办第十二届全国运动会。财政支出结构进一步优化，全国公共财政支出 139 744 亿元，同比增长 10.9%，其中教育、医疗卫生、社会保障和就业支出分别同比增长 3%、13.3% 和 14.6%。

社会保障体系建设成就显著

居民社会保障水平持续提高。2013 年末，全国城镇职工基本养老、基本医疗、失业、工伤、生育五项保险参保人数分别比上年末增加 1 785 万人、3 680 万人、1 192 万人、887 万人、968 万人。基本医保总体实现全覆盖，城乡居民基本医保财政补助标准增加到人均 280 元。基本药物制度覆盖 80% 以上村卫生室。28 个省份开展大病医疗保险试点。按照农村扶贫标准计算，农村贫困人口比上年减少 1 650 万人。城乡低保标准分别提高 13.1% 和 17.7%。企业退休人员基本养老金水平提高 10%。

金融体系稳健运行，服务经济社会能力进一步提升

2013 年，金融市场继续健康发展，各项改革和发展的政策措施稳步推进，金融市场对促进经济转型和结构调整的作用进一步发挥。

加强和改善金融宏观调控，有力促进经济平稳较快发展

中国人民银行根据党中央和国务院的统一部署，坚持稳中求进的工作总基调，继续实施稳健的货币政策，创新调控思路和方式，保持定力，精准发力，不放松也不收紧银根，适时适度预调、微调。加强信贷政策与产业政策协调配合，引导金融机构加大对“三农”、小微企业等重点领域和薄弱环节的金融支持。利率市场化改革迈出新步伐，金融机构贷款利率管制全面放开，贷款基础利率集中报价和发布机制开始运行。进一步完善人民币汇率形成机制。总的来看，稳健货币政策取得了较好效果。2013 年末，广义货币供应量 M2 同比增长 13.6%。人民币贷款余额同比增长 14.1%，比年初增加 8.89 万亿元，同比多增 6 879 亿元。社会融资规模为 17.29 万亿元，比上年多 1.53 万亿元。金融机构存贷款利率总体平稳，12 月非金融企业及其他部门贷款加权平均利率为 7.2%。2013 年末，人民币兑美元汇率中间价为 6.0969 元。

银行业稳健运行，资本充足率和资产质量总体稳定

2013 年，商业银行继续保持平稳运行，资产负债规模稳步增长，资本充足率和资产质量总体保持稳定。截至 2013 年末，银行业金融机构资产总额达到 151.35 万亿元，比上年同期增长 13.27%；负债总额达 141.18 万亿元，同比增长 12.99%。商业银行全年累计实现净利润 1.42 万亿元，同比增长 14.5%；平均资产利润率为 1.27%。商业银行加权平均资本

充足率为 12.19%，较年初下降 0.29 个百分点。不良贷款余额 5 921 亿元，比上年末增加 993 亿元；不良贷款率为 1%，比上年末上升 0.05 个百分点。

资本市场平稳发展，多层次市场体系日益完善

2013 年，中国资本市场保持平稳运行态势。中国证监会加强行业监管，正式启动新股发行体制改革，继续推动多层次资本市场建设，进一步加强资本市场中小投资者合法权益保护，稳步推进资本市场改革创新。全年上市公司通过境内市场累计筹资 6 885 亿元，比上年增加 1 044 亿元。2013 年末，上证综合指数和深证综合指数分别收于 2 116 点和 1 058 点，比上年末分别下跌 6.8% 和上升 20%；创业板指数收于 1 304 点，比上年末上升 82.7%。

保险市场平稳回升，综合实力进一步增强

2013 年，面对错综复杂和极为困难的形势，中国保险业发展呈现稳中有进、进中向好的良好态势。业务增长平稳回升，整体实力持续增强，经营风险得到有效防范，服务经济社会的能力不断提高。积极推进市场化改革，启动人身险费率定价机制改革，推进资金运用市场化改革，深化市场准入退出机制改革。全面推进第二代偿付能力制度体系建设，完成整体框架设计。切实保护保险消费者利益。全行业偿付能力总体充足，年末 99% 的保险公司偿付能力达标。全年共实现保费收入 1.72 万亿元，同比增长 11.2%。保险公司总资产达 8.29 万亿元，较年初增长 12.7%。

保险系统员工摄影作品

保险系统员工摄影作品

03

保险业服务经济社会发展

- 参与养老保障体系建设
- 稳步推进大病保险工作
- 大力发展农业保险
- 促进经济结构调整
- 支持国家经济社会建设
- 发展责任保险创新社会管理
- 支持抗灾救灾和灾后重建
- 积极履行社会责任

参与养老保障体系建设

2013 年 9 月，合众武汉养老社区一期竣工并投入试运营，9 月 30 日，中国保监会主席项俊波到养老社区考察调研。

在社会基本养老保险层面，商业保险发挥精算技术、风险控制、资金管理和服务网络等方面的优势，为各类基本养老项目提供经办服务。截至 2013 年末，保险业承接了四川德阳市旌阳区、江苏宜兴市等七个市（区）的新农保经办管理，共计服务人数达到 110 万人。

在企业补充养老保险层面，商业保险是企业年金市场的重要参与者。截至 2013 年末，共有 9 家保险机构获得 18 个企业年金资格。保险业在企业年金市场共计为 4.3 万家企业、832 万名职工提供受托管理服务，累计受托管理资产 2 501 亿元，占企业年金法人受托业务的 71%；投资管理资产余额 2 789 亿元，占企业年金投资管理市场的 48%，各类保险机构已成为企业年金市场的主要参与者。

在个人储蓄性养老保险层面，商业保险发挥了主导作用，提供多样化养老保险产品，弥补了社会基本养老保险的不足，丰富和完善了养老保障体系。截至 2013 年末，我国年金保险业务经营主体有 70 家，已开发在售的年金保险产品有数百个。2001 年以来，年金保险一直保持较快发展速度，保费收入从 2001 年的 316 亿元增长到 2013 年的 1 592 亿元，年均增长 13.2%。

在养老服务业层面，保险机构通过投资养老社区，以养老社区为核心，以保险产品为纽带，产业链向上连接养老保险、健康保险、退休理财、投资基金等金融产业，向下延伸至医疗护理、老年医学、老年生活服务等，将无形的保险产品与有形的养老服务相结合，实现保险产品的具体化、实物化，更好地满足老年人口的养老保障需求。截至 2013 年末，保险业共有十多家公司已经或计划投资养老社区。

平安养老险首发“中国职工养老储备指数”

2013 年 9 月 26 日，平安养老险联合中国社会科学院首发《中国职工养老储备指数》，该指数的发布填补了国内该研究领域空白，为我国职工养老储备现状制定了评价标准，有力地推动了社会各界对企业职工养老保障问题的关注。

稳步推进大病保险工作

2013年，保险业认真贯彻落实《关于开展城乡居民大病保险工作的指导意见》，主动沟通、积极作为，扎实推进相关工作，大病保险呈现开局顺利、运行平稳、前景看好的态势。2013年，全国共有28个省份启动实施了城乡居民大病保险试点，其中有8个省（自治区、直辖市）全面推开，商业保险公司在144个统筹地区承办城乡居民大病保险，覆盖城乡居民3.6亿人，全国大病保险业务涉及保费收入75亿元。从已经开办业务的地区来看，大病保险与基本医保实现了有效衔接，放大了基本医保基金的效用，提高了保障水平，减轻了民众医疗负担。试点地区大病患者报销比例在基本医保报销比例的基础上再提高10－15个百分点，达到70%以上，在一定程度上缓解了“因大病致贫”、“因大病返贫”现象。城乡居民大病保险制度是我国医疗保障体系建设的重大创新，在“财政不多出一分钱，群众不多花一分钱”的前提下，提高了参保群众的保障水平，放大了基本医保基金的保障效应。与此同时，城乡居民大病保险实行城乡统筹，打破城乡分割，建立城乡一体化医疗保障制度，改善了因城乡二元结构导致的城乡居民享受医疗资源不公平的问题，有利于深入推进基本医保公平化和均等化目标的实现。

河南实现大病保险与新农合经办无缝对接

河南在推进大病保险时，结合本省郑州、洛阳、新乡3个市新农合服务委托商业保险经办管理的实际，将上述3个市大病保险与新农合经办服务无缝对接，实行大病保险与新农合经办一体化管理，“一站式”服务，减少了结算环节，提高了结算效率，群众就医时市级医院出院即时结报，方便了上述3个市48个县区1 382万名参合农民。

专栏一：保险公司承办大病保险的主要模式

2013年，各统筹地区大病保险业务有一家保险公司单独承保和数家保险公司共同承保两种模式。共同承保情形又分两种方式：一是将统筹地区划分为若干经营区域，根据各经营区域的人口数量计算保费收入，各经营区域由一家保险公司独自经营大病保险业务，山东、青海等项目采用此方式；二是采用共保方式，统筹地区的大病保险业务由一家保险公司作为主承保人，其他保险公司作为共保人，各保险公司按照约定划分保费和承担责任，苏州、包头等项目采用此方式。

大力发展农业保险

2013年，农业保险继续保持快速发展势头，覆盖面显著提高，服务水平不断提升，在贯彻落实中央强农惠农富农政策、防范化解农业生产风险、稳定农民收入、落实国家粮食安全战略及完善农村社会支持保护体系等方面发挥了积极作用。

覆盖面不断扩大

2013 年，农业保险实现了“四个突破”：主要农作物承保面积突破 10 亿亩，达到 11.1 亿亩；保险金额突破 1 万亿元，达到 1.39 万亿元；参保农户突破 2 亿户次，达到 2.1 亿户次；保险赔款突破 200 亿元，达到 208.6 亿元。水稻、玉米、小麦三大口粮作物的保险覆盖率分别达到 64.9%、67.3% 和 61.8%。

功能作用日益凸显

2013 年，农业保险支付赔款 208.6 亿元，同比增长 46.7%；受益农户达 3 367 万户次。在南方特大高温旱灾中，农业保险赔款近 20 亿元。在黑龙江特大洪涝灾害中，农业保险支付赔款 27.2 亿元，户均赔款 5 336 元。在“海燕”台风灾害中，农业保险创下单一保单 1.5 亿元的最高赔款纪录。蔬菜、生猪等农产品价格保险试点不断拓展，风险保障从传统的保自然风险向保市场风险拓展。人工干预天气、GPS 定位、无人机航拍等新技术不断引入，提高了农业保险科技水平。农业保险与农村信贷合作不断深化，提高了农户的风险抵御能力和还贷能力。

广东蔬菜保险试点取得良好成效

2013 年，广东省在惠州、韶关、湛江等地，面向规模种植的企业试点政策性蔬菜种植保险。全年合计参保企业 46 家，承保蔬菜面积 5.7 万亩，提供风险保障 1.3 亿元，支付保险赔款 1 044 万元。

内蒙古启动全国最大森林保险项目

2013 年，内蒙古首次启动政策性森林保险，首年承保面积达到 3.8 亿亩，保费收入 6.4 亿元，两项指标均居全国第一位，成为全国最大的森林保险项目。

大连推出风力指数型海水养殖保险

2013 年 8 月，人保财险大连分公司推出了兼具“渔业保险”和“指数保险”双重属性的“风力指数型海水养殖保险”，对以底播、浮筏形式养殖的虾夷扇贝、鲍鱼、刺参等海珍品提供风险保障。截至 2014 年 2 月，参保海水养殖场共发生 8 级以上暴风灾害 16 次，赔款 2 317.5 万元，灾害损失补偿率达到 90% 以上。

服务体系不断完善

截至 2013 年末，经营农业保险的保险公司从 2007 年的 6 家增加到 23 家，全国共建立农业保险乡（镇）级服务站 2.3 万个，村级服务点 28 万个，协保员近 40 万人。

中国人保努力跨越服务农民的“最后一米线”

为把服务的触角伸到千家万户，改变以乡镇为单位进行统保的粗放式做法，努力做到“保险服务到户，惠农政策落地”，中国人保开创了“承保理赔两到户，惠农政策、承保情况、理赔情况、服务标准、监管要求五公开”的农业保险运营新模式。实行定损理赔张榜公示，取信于农民，有效解决了以家庭为单位分散性农业运作模式下开办农业保险的难题，搭建了强农惠农政策惠及千家万户的直通平台，提高了农村基层服务体系的组织化程度。

政策环境不断优化

国家建立了大灾风险准备金制度，并对农业保险实施免征营业税和所得税优惠政策，保险机构经营农业保险的积极性不断提高。农业保险已逐步成为各级政府在“三农”工作中的重要抓手，在国家物价调控、西部大开发和中部崛起战略，以及新疆、西藏等区域发展和渔业、种业、“菜篮子”等产业发展中，农业保险都作为重要组成部分编入相关发展规划中。

监管制度建设不断加强

2013 年 3 月 1 日，《农业保险条例》正式实施。为贯彻落实《农业保险条例》，保监会先后出台农业保险业务经营资格、条款费率管理办法等配套制度，加强农业保险监管制度建设，初步搭建起农业保险监管制度框架。

促进经济结构调整

2013 年，面对严峻复杂的内外部形势，保险业进一步发挥对经济结构调整和转型升级的支撑和服务作用。通过出口信用保险稳定出口，降低外贸企业经营风险；提供养老医疗保障，提高消费意愿，有效扩大内需；帮助小微企业融资，加大对薄弱环节的支持。

保险业探索推动科技保险业务，支持经济结构优化升级。积极协调相关部委和地方政府研究出台财税政策，给予保险监管政策倾斜，推动科技保险试点，为科技企业创新提供保险服务。

保险业加强城镇化保险需求研究，有针对性地探索新产品、新服务、新渠道，不断推出小额保险等对城镇化有推动作用且社会效益明显的产品，支持加强中低收入居民保险保障。

2013 年，保险业在支持和服务企业“走出去”方面的作用进一步发挥。全年短期出口信用保险实现保费收入 11.7 亿美元，承保金额 3 147.6 亿美元，累计支持近 3 万家出口企业获得融资。

北京保监局组织开展“保险机构走进中关村”

2013 年 4 月 26 日，中关村管委会、北京市金融局和北京保监局联合组织开展了“保险机构走进中关村”活动。本次活动为保险企业与高科技企业对接提供了良好的平台，有利于保险公司充分认识中关村企业的发展潜力和保险需求，结合中关村企业特点创新产品、完善服务、加强宣传，发挥保险的风险管理和资金融通功能，服务战略型新兴产业发展。

中国人寿小额保险编织城乡低收入人群风险保障网，为城镇化服务

2012 年末至 2013 年，中国人寿在江苏省南通市为城镇失独家庭、在北京市房山区为城镇低保人群、在浙江省温州市为城镇进城务工人员首次提供小额保险保障，帮助城乡低收入人群提高生活保障水平。

专栏二：保监会出台《关于保险业支持经济结构调整和转型升级的指导意见》

2013年8月，为深入贯彻落实《国务院办公厅关于金融支持经济结构调整和转型升级的指导意见》精神，保监会出台《关于保险业支持经济结构调整和转型升级的指导意见》(以下简称《意见》)，从加强对重点领域和薄弱环节的保险支持、服务小微企业和科技创新、完善农业生产保障体系、创新保险资金运用方式、优化经济转型升级等方面对保险业提出了具体要求。《意见》的出台，有利于进一步发挥保险对经济结构调整和转型升级的支撑和服务作用，有利于推动保险业在现代金融体系、社会保障体系、农业保障体系、防灾防损体系和社会管理体系中发挥更大作用。

为支持高科技、高附加值的机电产品和成套设备等资本性货物出口以及海外工程承包项目，促进转变外贸发展方式、优化产业结构，我国大力发展中长期出口信用保险。2013年，中长期出口信用保险实现保费收入8.8亿美元，承保金额181.5亿美元，项目涉及电力、电信、船舶、轨道交通、冶金制造等多个行业。

为抵御境外恐怖袭击、社会动荡、各种不可抗力等风险因素，保障“走出去”人员的生命财产安全，保险业根据不同人群需求开发的海外派遣员工意外伤害保险、海外员工雇主责任保险等个性化产品，使“走出去”人员在保险的保障下安心工作、无忧生活。

太平洋产险为中国外交事业发展保驾护航

2013年11月7日，太平洋产险独家承保外交部262个驻外使领馆财产险及公众责任险，保额超过300亿元，保险期限为3年。左图为外交部副部长宋涛（左起第五）出席外交部驻外使领馆财产险及公众责任险合作协议签署仪式。

专栏三：保监会支持上海自由贸易试验区建设

2013年9月，保监会对上海保监局提出的有关事项作出批复，支持中国（上海）自由贸易试验区（以下简称自贸区）建设。主要包括支持在自贸区内试点设立外资专业健康保险机构、支持保险公司在自贸区内设立分支机构、开展人民币跨境再保险业务、支持上海研究探索巨灾保险机制、支持自贸区保险机构开展境外投资试点、积极研究在自贸区试点扩大保险机构境外投资范围和比例、支持上海开展航运保险、支持上海完善保险市场体系八个方面。

支持国家经济社会建设

2013年，保险业在风险可控的前提下，有效发挥保险资金融通功能，支持国家经济社会建设的能力显著增强，不断加大在新型城镇化、基础设施、保障房、棚户区改造、能源交通、养老健康等重点领域的投资力度，较好地支持了经济转型升级和实体经济发展。

截至2013年末，已有12家资产管理机构累计发起设立184项基础设施和不动产债权投资计划，注册（备案）规模达5 818.6亿元。其中，2013年新增注册（备案）债权投资计划90项，注册规模2 877.6亿元，注册（备案）数量和规模相当于过去7年的总和，注册制改革成效显著。这些项目主要集中在交通、不动产、能源、市政等重大基础设施项目，以及公租房和棚户区改造等民生项目中。

2013年，保险行业还不断创新投资工具，以更好地促进实体经济发展。一方面，开展股债结合创新试点，对接实体经济融资项目，满足差异化的融资需求；另一方面，试点项目资产支持计划，进一步丰富了保险资产管理公司产品的多样性和多层次性。

泰康资产入股“西气东输”

2013年6月26日，中国石油油气管道合资合作战略协议在北京签署，泰康资产和中意资产等保险机构设立股权投资计划，出资360亿元，与中石油及国联基金合资建立中石油管道联合有限公司，持股30%。这是《国务院关于鼓励和引导民间投资健康发展的若干意见》（“新36条”）颁布后又一例引入民间资本的国家重点工程项目。

太平资产发行行业首单城镇化建设投资项目

2013年1月7日，“太平资产－苏州工业园区镇一体化项目债权投资计划”成功发行，积极支持城镇化建设。

发展责任保险创新社会管理

2013年，保险业积极推动有关领域责任保险的发展，创新社会管理，协助政府在医疗、生态环境、食品药品安全、社会治安、火灾安全等领域进行风险管理。全年共实现责任险保费收入217亿元，同比增长18%；提供风险保障48.6万亿元，同比增长16.5%，责任保险覆盖面和投保规模持续提升。

天津市医疗责任保险成为医患纠纷的“防火墙”

2013年，天津医疗责任保险为全市81家医疗机构提供风险保障合计1.1亿元，处理赔案788件，赔付支出4 849.6万元，参与医患纠纷调解成功率84.5%，调解案件100%得到及时赔付。

保监会通过加强与环保部、卫生部和食品药品监管总局等部委的合作，联合下发了相关指导性文件，优化政策环境，创新社会管理，开展了食品安全、环境污染等责任保险试点工作。如江苏的“无锡模式”，开创了以“事前风险管理、重在事故预防”为主要特色的环境污染责任保险模式，目前已承保1 028家企业，覆盖21个高风险行业，帮助企业排查安全隐患1 318个，在防范环境污染风险方面发挥了重要作用。

中煤财产保险发展煤矿安全责任服务保险

2013年，中煤财产保险煤矿安全责任服务保险产品，实现保费收入1.6亿元，占山西省煤矿安全责任服务保险保费收入的93%，该险种在传统责任险的基础上，首次将风险评价、安全管理技能提升、专家顾问等服务写入条款，有针对性地提供增值服务，受到煤矿企业的欢迎。

长安责任发展食品安全责任保险

为应对食品安全风险，长安责任保险推出食品安全责任保险，切实保障食品生产秩序和食品安全，为保护消费者及食品生产、经营企业的合法权益作出了贡献。

支持抗灾救灾和灾后重建

2013年，保险业积极应对重特大自然灾害，主动做好理赔服务，帮助受灾群众恢复生产、生活。全年保险业为全社会提供了887.9万亿元的风险保障，同比增长60.2%；赔款和给付支出6 206.1亿元，同比增长32.2%。在芦山地震灾害、

宁波保险业积极应对“菲特”台风

2013年10月7日，23号台风“菲特”过境宁波，导致全市11个县（市）区、148个乡镇248万人不同程度受灾，7.6万辆汽车受损，3万余家企业不同程度停产，直接经济损失达334亿元。面对重大灾情，宁波保险业紧急动员、周密部署，全力投入救灾理赔工作。全行业在灾后一周就完成了5万多辆水淹车辆的施救查勘及理赔，灾后一个月结案率接近80%，最终妥善处理赔案9.4万余件，支付赔款超过36亿元，在宁波全市抢险救灾与灾后重建中发挥了重要作用，切实维护了社会的和谐与稳定。

黑龙江洪灾、“菲特”台风灾害以及广东台风暴雨灾害处置中，保险业都发挥了积极作用。其中，农业保险向在黑龙江洪灾中受灾的 50.9 万名农户支付赔款 27.2 亿元；在应对“菲特”台风中，保险业支付赔款 52.8 亿元。

安邦人寿为地震灾区提供无保单理赔服务

2013 年 4 月 20 日，四川省雅安市芦山县发生 7.0 级地震，安邦人寿理赔部快速开辟理赔服务绿色通道，并推出无保单理赔服务，对地震案件进行优先处理。

积极履行社会责任

2013 年，保险业积极履行社会责任，践行绿色环保理念，推广无纸化办公，实践低碳运营，积极开展慈善捐助活动，热心公益事业，充分彰显保险业“人人为我，我为人人”的精神。

中邮保险关爱留守儿童 传递保险正能量

2013 年 4 月，中邮保险参加由江苏省妇联牵头组织的“让心不再留守，让爱传递温情”——江苏百万留守儿童安全守护公益活动，为该活动定制开发了具有保费低、保障高等特点的“四季关爱”儿童综合意外保险卡，为留守儿童提供保险保障。

华安保险与农业银行合作推出“助学保捷贷”项目

2013 年 3 月 13 日，华安保险与农业银行在北京召开“助学保捷贷”项目启动会，为助学贷款提供保险保障。2006 年 5 月至 2013 年末，华安保险已累计承保国家助学贷款约 39.4 亿元，保费收入 3.7 亿元，涉及贷款学生达 78 万人次。

美亚保险携手中国道路交通安全协会共同推进道路安全普及教育

2013 年 5 月 25 日，为推动中国道路安全意识普及，美亚保险正式启动 2013 年“AIG 美亚道路安全公益行”系列活动。这一公益活动持续 7 个月，相继在上海和广州两地举办，包括 2 场启动营及 10 场进校园活动。上海、广州两地数百个家庭、上千位师生参与此次活动。

保险系统员工摄影作品

04

保险监管取得明显成效

- 基本情况
- 公司治理监管
- 偿付能力监管
- 市场行为监管
- 保险法制体系建设
- 对外合作交流
- 文化、监管队伍与信息化建设

基本情况

中国保险监督管理委员会主要职责

1. 拟定保险业发展的方针政策，制订行业发展战略和规划；起草保险业监管的法律、法规；制定业内规章。
2. 审批保险公司及其分支机构、保险集团公司、保险控股公司的设立；会同有关部门审批保险资产管理公司的设立；审批境外保险机构代表处的设立；审批保险代理公司、保险经纪公司、保险公估公司等保险中介机构及其分支机构的设立；审批境内保险机构和非保险机构在境外设立保险机构；审批保险机构的合并、分立、变更、解散，决定接管和指定接受；参与、组织保险公司的破产、清算。
3. 审查、认定各类保险机构高级管理人员的任职资格；制定保险从业人员的基本资格标准。
4. 审批关系社会公众利益的保险险种、依法实行强制保险的险种和新开发的人寿保险险种等的保险条款和保险费率，对其他保险险种的保险条款和保险费率实施备案管理。
5. 依法监管保险公司的偿付能力和市场行为；负责保险保障基金的管理，监管保险保证金；根据法律和国家对保险资金的运用政策，制定有关规章制度，依法对保险公司的资金运用进行监管。
6. 对政策性保险和强制保险进行业务监管；对专属自保、相互保险等组织形式和业务活动进行监管。归口管理保险行业协会、保险学会等行业社团组织。
7. 依法对保险机构和保险从业人员的不正当竞争等违法、违规行为以及对非保险机构经营或变相经营保险业务进行调查、处罚。
8. 依法对境内保险及非保险机构在境外设立的保险机构进行监管。
9. 制定保险行业信息化标准；建立保险风险评价、预警和监控体系，跟踪分析、监测、预测保险市场运行状况，负责统一编制全国保险业的数据、报表，并按照国家有关规定予以发布。
10. 承办国务院交办的其他事项。

监管机构的组织框架

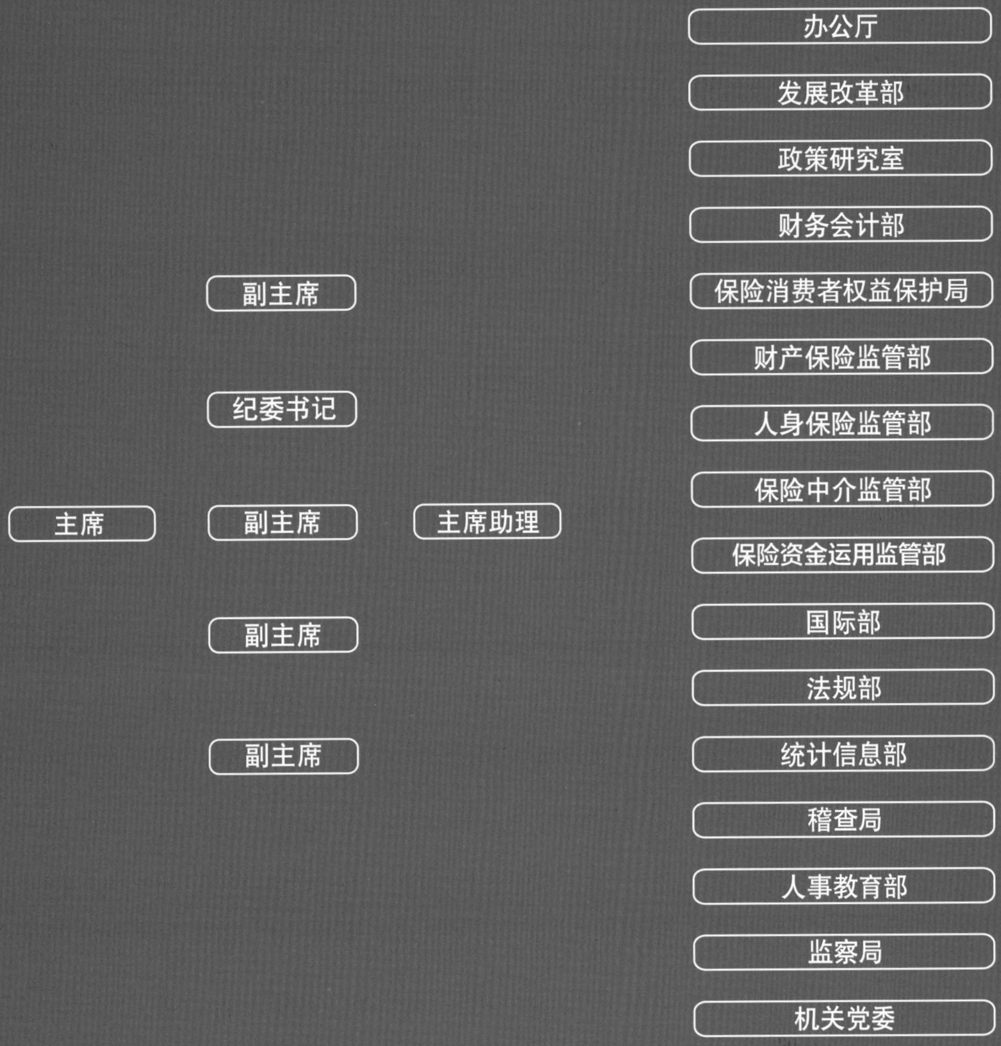

直属中国保监会的36个派出机构，以及河北唐山、江苏苏州、浙江温州、山东烟台和广东汕头5个保险监管分局，根据授权履行行政管理职能，依照国家有关法律、法规和方针、政策，统一监督管理辖区内的保险市场，维护当地保险市场平稳运行，促进保险业持续健康发展。

监管目标

- 保护保单持有人利益
- 防范和化解风险
- 促进保险业持续健康发展

公司治理监管

2013年，保监会深入推进公司治理改革，建立健全公司治理现场检查机制，持续强化非现场监管工作，推进风险处置，加强政策研究，不断提高公司治理监管的针对性和有效性，公司治理监管工作取得新的成绩。

不断完善公司治理报告机制。保监会成立专项工作小组，对165家中资、外资公司的公司治理报告进行全面系统分析，形成《独立董事情况分析》、《薪酬情况分析》、《治理评价自评报告》等7个子报告和1个总报告，全面把脉行业治理情况，为开展现场检查提供依据。

启动公司治理现场检查。根据治理评价结果、分类监管评价结果以及治理报告分析情况，切实开展公司治理现场检查，全面摸清各公司在股东会、董事会、管理层、体制机制、内部审计等各个层面的制度建设和落实情况。检查工作完成后，督促公司针对存在的突出问题制订整改方案，限期进行整改，完善治理结构，规范公司运作。

加强集团公司监管。完善集团监管体制机制，建立定期信息报送制度，研究起草非保险子公司监管办法和保险集团并表监管办法。推动保险集团创新发展，支持中国人寿集团设立电子商务公司，支持太保集团下属太保在线公司申请第三方支付业务。积极参与国际活跃保险集团监管共同框架制定和全球系统重要性保险集团认定等工作，平安保险集团成为中国首家全球系统重要性保险机构。

专栏四：中国平安保险集团入选全球系统重要性保险机构

2013年7月19日，全球金融标准制定与执行的核心机构——金融稳定理事会（FSB）公布了首批9家全球系统重要性保险机构（G-SII）名单。中国平安保险集团作为发展中国家及新兴保险市场的唯一代表入选。这是我国保险业积极参与国际金融治理、维护全球金融稳定的重大举措，体现了国际社会对我国经济金融改革与发展成就的充分肯定，也是对我国保险业在国际保险市场上影响和地位的认可。

偿付能力监管

2013 年，保监会坚持“抓服务、严监管、防风险、促发展”的工作方针，不断强化偿付能力监管，有效防范行业风险。

在制度建设方面，全面推进第二代偿付能力监管制度体系（以下简称偿二代）建设工作。发布《中国第二代偿付能力监管制度体系整体框架》，完成偿二代顶层设计，明确偿二代的总体目标，确立“三支柱”框架体系，为偿二代建设勾勒出了完整蓝图；全面推开偿二代“三支柱”所有技术标准的研制工作，并取得了阶段性研究成果。

在加强监管方面，不断提高监管的刚性约束。2013 年，保监会针对偿付能力风险发出了 29 份监管函，其中，投资风险提示 1 家次，限制投资渠道 1 家次，停止开展新业务 1 家次，责令增提准备金 2 家次，要求停止销售违规保险产品 7 家次，暂停增设分支机构 8 家次，督促规范完善公司治理结构 9 家次。对偿付能力不达标公司和 C 类、D 类公司，采取停止新业务、停止增设分支机构、责令增资、禁止购置大型固定资产、停止向股东分红等监管措施。

在完善监管机制方面，改进风险预警和识别机制，提高监管的主动性和前瞻性，对风险实现早发现、早处置；强化资本约束机制，开拓次级可转债、保险集团次级债、海外融资等资本补充渠道，完善资本补充机制。

2013 年，保险业偿付能力总体上保持充足稳定态势。全年偿付能力达标公司数量占比始终保持在 98.6% 以上，达标公司资产占比和市场份额占比均保持在 99.7% 以上，且绝大多数公司处于偿付能力充足 II 类水平（偿付能力充足率高于 150%）。

中国保监会主办“偿付能力监管改革与合作国际研讨会”

2013 年 7 月 5 日，中国保监会主办的“偿付能力监管改革与合作国际研讨会”在北京举行，部分新兴市场保险监管机构高层和国际保险监督官协会（IAIS）代表参加了会议。中国保监会主席项俊波出席会议并致辞，他积极倡议加强新兴市场在偿付能力监管方面的交流与合作。

市场行为监管

加大现场检查力度

2013 年，保监会加大现场检查力度，继续保持对违法违规行为的高压态势。针对公司治理和内控、数据真实性、准备金管理、股东行为、内部审计等问题，以保险公司法人机构和车商兼业代理机构为重点，有针对性地开展专项检查和综合检查。组织 18 家保监局（包括 3 家计划单列市保监局）对在辖区内开展大病保险业务的保险公司进行了财务单独核算专项检查。2013 年，保监会共派出 2 493 个检查组，对 2 511 家保险机构进行了现场检查，直接检查总公司 19 家。共对 639 家机构和 820 人实施了 1 764 项次行政处罚，其中，责令撤换高管 20 人，对机构和个人分别罚款 5 560 万元和 1 004 万元。

稳妥化解案件风险

2013 年，保监会加强案件风险监测预警和处置化解，查处大案要案，严肃追究管理责任，指导协调保险公司完成涉及 172 起案件共 367 人的责任追究。组织行业开展车险反欺诈专项活动，向公安机关移送涉嫌车险欺诈案件 2 375 件，涉案金额 1.4 亿元，挽回经济损失 7 580 万元。积极配合人民银行做好保险业反洗钱监管工作，审查 6.7 亿元股本资金来源，4 531 家新设保险中介机构、保险公司及其分支机构反洗钱制度，对 352 家保险公司分支机构开展反洗钱专项检查，对 1 万多名高管进行反洗钱知识培训测试，积极配合国务院处置非法集资部际联席会议办公室做好保险领域防范打击非法集资工作，组织行业开展专题宣传月活动，教育社会公众 260 多万人次，有效提升了社会公众防范非法集资的意识和能力。

保险法制体系建设

2013 年，保监会积极开展保险法制体系建设，进一步完善以《保险法》为核心、保险行政法规和规章为主干、规范性文件为补充的保险法制体系，对保险市场主体经营和保险监管行为进行规范，为保险业的改革发展提供了制度基础和法制保障。

开展《保险法》实施评估

保监会于 2013 年 6 月启动《保险法》实施评估，按照合理性、协调性、可操作性、规范性、实效性等标准进行了系统评估，为《保险法》的修改奠定了良好基础。

完善监管规章制度

2013 年保监会共制定、修改规章十部：

◆《保险销售从业人员监管办法》

◆《保险经纪从业人员、保险公估从业人员监管办法》

◆《保险统计管理规定》

◆《保险公司次级定期债务管理办法》

◆《保险经纪机构监管规定》

◆《保险专业代理机构监管规定》

◆《保险消费投诉处理管理办法》

◆《保险公估机构监管规定》

◆《中国保险监督管理委员会信访工作办法》

◆《中国保险监督管理委员会规章制定程序规定》

加强规范性文件管理

保监会于2013年12月发布《中国保险监督管理委员会规范性文件制定管理办法》，明确了规范性文件制定的原则和要求，对规范性文件的立项、起草、法律审核、公布、解释、清理等程序作出了系统规定，强化了规范性文件制定的计划性和制定过程的公开性，提高了保险监管机构规范性文件的协调统一程度。

对外合作交流

2013年，保监会持续加强与国际保险监督官协会（IAIS）、国际养老金监督官协会（IOPS）、亚洲开发银行（ADB）等国际组织的合作，积极拓展与重点国家（地区）的双边交流，探索跨境监管、健康险、养老金、偿付能力和资金运用监管等专题合作。建立健全与美国、欧盟、俄罗斯、澳大利亚、泰国等10余个国家（地区）和组织的保险监管合作机制，推进与港、澳、台地区的金融服务合作，广泛参与国际保险规则制定、国际保险交流活动和区域性平台建设。立足保险业发展和对外开放情况，配合国家整体对外经济战略，参与多个多双边磋商机制，促进了监管机构间的信息共享和经验交流，防范风险跨境、跨领域传递，为提升中国保险业的监管水平，扩大中国保险业的国际影响力，促进中国保险业的持续健康发展发挥了积极作用。

中国再保险集团成功举办F.A.I.R.大会

2013年9月17-19日，中国再保险集团主办第23届亚非保险再保险联合会（F.A.I.R.）大会，国务院副总理马凯出席大会并讲话，全球61个国家和地区的保险再保险和保险经纪机构600余名代表出席大会，大会进一步加深了亚非保险再保险业的交流与合作，提升了中国保险行业影响力和品牌美誉度。右图为F.A.I.R.大会开幕式。

文化、监管队伍与信息化建设

文化建设

2013年3月21日，保监会发布保险监管核心价值理念和保险行业核心价值理念。保险监管核心价值理念是“为民监管、依法公正、科学审慎、务实高效”。保险行业核心价值理念为“守信用、担风险、重服务、合规范”。培育和践行保险监管核心价值理念、保险行业核心价值理念是保险文化建设的关键环节，是转变发展方式、推动行业科学发展的内在要求，是加强行业文化建设、凝聚行业力量的有效途径，是加强改进保险监管、提高监管效能的重要手段，也是提升行业形象、增强行业软实力的迫切需要，对促进保险业持续健康发展具有十分重要的意义。

保险监管核心价值理念

为民监管　保险监管的根本宗旨
依法公正　保险监管的基本原则
科学审慎　保险监管的精神要义
务实高效　保险监管的时代要求

保险行业核心价值理念

守信用　保险经营的基本原则
担风险　保险的本质属性
重服务　保险价值的实现途径
合规范　保险市场健康运行的前提条件

监管队伍

基本情况

截至2013年末，保监会系统现有在职干部2 792人，其中保监会机关375人，派出机构2 417人；本科及以上学历2 770人，占比99%；45岁以下干部2 538人，占比91%。

干部培训

2013年，保监会切实加大教育培训工作力度。扎实推进干部调训工作，共选派69人参加了33个班次的学习培训；举办局级主要领导干部培训班等多个班次的培训。

监管信息化建设

2013年，保监会进一步加强信息化建设工作，完成保监会新一代办公自动化系统、中介系统、保监会互联网门户网站升级和内网通信系统等一系列系统开发工作。对保监会中心机房进行节能改造，积极推进保监会同城主数据中心和异地灾备中心建设工作，进一步改善了监管信息化基础设施环境。

保险系统员工摄影作品

保险系统员工摄影作品

05 保险市场运行状况

- 非寿险市场情况
- 寿险市场情况
- 保险中介市场情况
- 保险资金运用情况
- 专业再保险市场情况
- 外资保险业务情况

2013 年，中国保险业共实现保费收入 1.72 万亿元，同比增长 11.2%。保险深度为 3.03%，保险密度为 1 265.4 元。赔款给付金额达 6 206.1 亿元，同比增长 32.2%。保险公司总资产 8.29 万亿元，较年初增长 12.7%。

非寿险市场情况

业务规模平稳增长

2013 年，非寿险公司实现保费收入 6 481.2 亿元，同比增长 17.2%，增速较 2012 年同期提高了 1.5 个百分点。

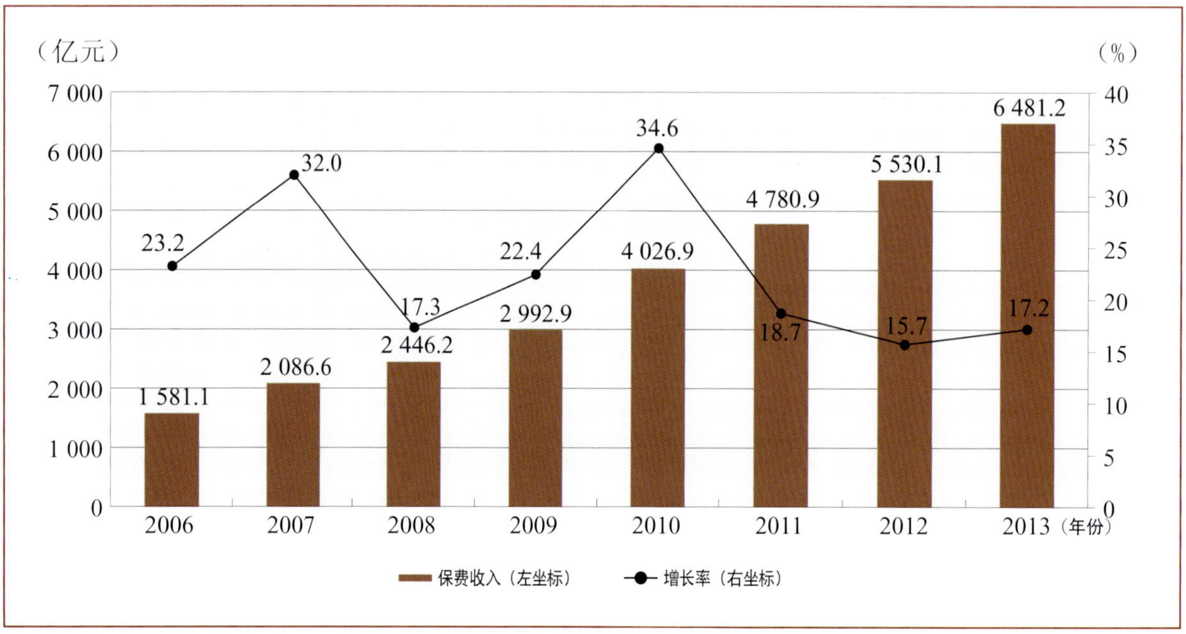

图 1　2006—2013 年非寿险公司保费收入及增长率

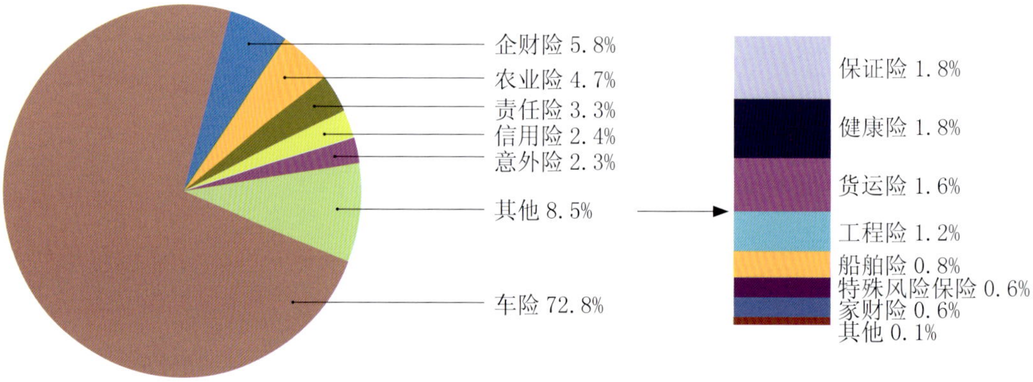

图 2　2013 年非寿险公司业务结构

保费收入构成前5位的是车险、企财险、农业险、责任险和信用险，分别为4 720.8亿元、378.8亿元、306.6亿元、216.7亿元、155.2亿元，占全部保费收入的89.1%。

非寿险多数险种实现稳步增长，其中车险、家财险、责任险、保证险、农业险、意外险、健康险分别增长17.9%、32.1%、17.9%、29%、27.4%、19.2%、63%。

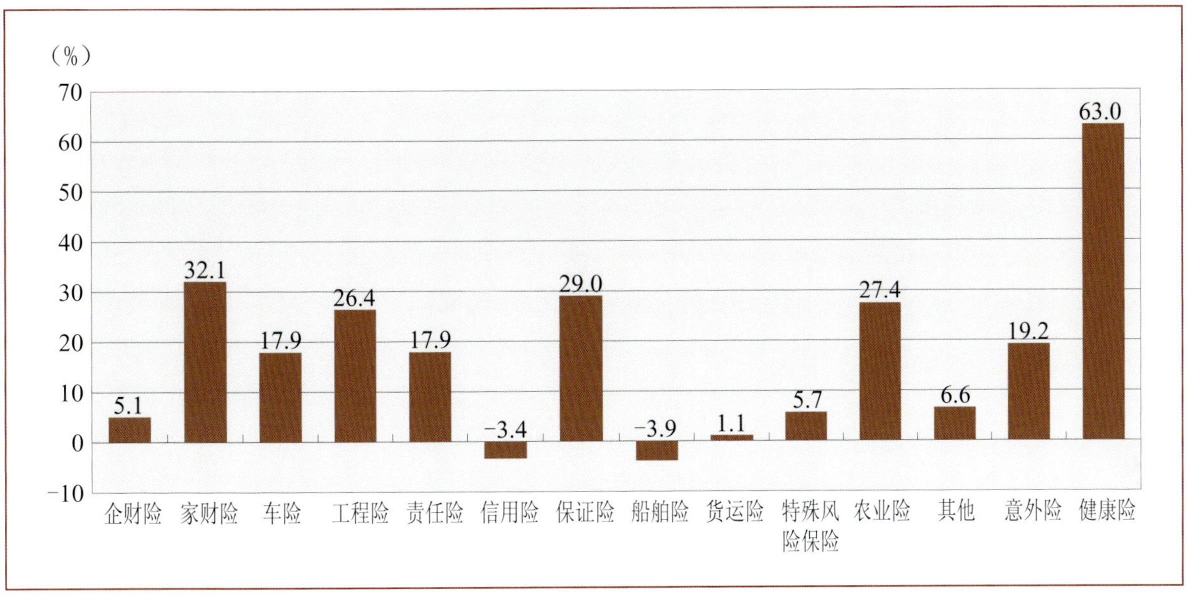

图3　2013年非寿险公司主要险种保费增长率

整体实力继续增强

2013年，非寿险公司总资产合计1.1万亿元，首次突破万亿元大关，同比增长16%；净资产合计2 511.7亿元，同比增长14%。截至2013年末，非寿险公司再保后各项准备金余额合计为4 601.9亿元，同比提高14.7%。

截至2013年末，全国共有非寿险公司65家，其中，中资44家、外资21家。保费收入前5家公司市场份额共计74.3%，较上年同期上升0.3个百分点。

表1　2013年非寿险公司保费收入前十名

排名	名称	资本结构	保费（亿元）	市场份额（%）
1	中国人民财险保险股份有限公司	中资	2230.1	34.4
2	中国平安财产保险股份有限公司	中资	1153.7	17.8
3	中国太平洋财产保险股份有限公司	中资	816.1	12.6
4	中国人寿财产保险股份有限公司	中资	318.5	4.9
5	中华联合财产保险股份有限公司	中资	297.1	4.6
6	中国大地财产保险股份有限公司	中资	198.5	3.1
7	阳光财产保险股份有限公司	中资	166.0	2.6
8	中国出口信用保险公司	中资	140.3	2.2
9	太平财产保险有限公司	中资	108.0	1.7
10	天安保险股份有限公司	中资	99.5	1.5
	合计		5527.8	85.4

行业保持承保盈利

2013年，非寿险公司实现承保利润22亿元，同比减少103.6亿元，降幅为82.5%，其中车险承保亏损32.6亿元，较2012年大幅下降102.2亿元。得益于资金运用收益增加，行业实现利润总额355.7亿元，同比增长7.5%。

风险得到有效防范

2013年末，各非寿险公司偿付能力和核心资本总体充足，绝大部分公司偿付能力充足率超过150%，行业未出现系统性、区域性风险。

功能作用进一步发挥

2013年，非寿险公司承担风险金额674.1万亿元，是同期名义GDP总量的11.9倍，同比增长60.7%。全年共支付赔款3 554.2亿元，同比增长22.7%。非寿险公司积极参加重大灾害的抗灾、救灾工作，充分发挥了保险的风险管理和经济补偿功能，帮助受灾地区迅速恢复生产、生活，有力地促进了社会和谐稳定。

寿险市场情况

保费收入增速有所回升

2013年，寿险公司保费收入为10 740.9亿元，同比增长7.9%，增速较2012年同期上升3.8个百分点。寿险公司保费收入占保险业总保费收入的62.2%，较2012年同期占比下降2.1个百分点。截至2013年末，寿险公司新单保费4 996.1亿元，同比上升3.2%，占寿险公司总保费的46.5%。其中，新单期缴保费收入1 470.4亿元，同比上升0.04%，占寿险新单保费收入的29.4%。

2013年，寿险行业实现利润总额497.5亿元，行业整体偿付能力充足。

险种结构进一步调整

2013年，寿险业务继续呈现以分红险为主的产品结构，全年分红险保费收入8 132.8亿元，同比增长3.6%，占寿险公司保费收入的75.7%，较2012年同期下降3.2个百分点。普通寿险保费收入1 200.3亿元，同比增长23.8%，占寿险公司保费收入的11.2%。投连险保费收入4.4亿元，同比上升1.6%；万能险保费收入87.5亿元，同比增长9.9%。

2013年，我国寿险公司健康险保费收入达到1 005.5亿元，同比增长27.2%；意外险保费收入达到310.4亿元，同比增长19.6%。健康险和意外险业务占比达到12.3%，较2012年同期提升1.8个百分点。

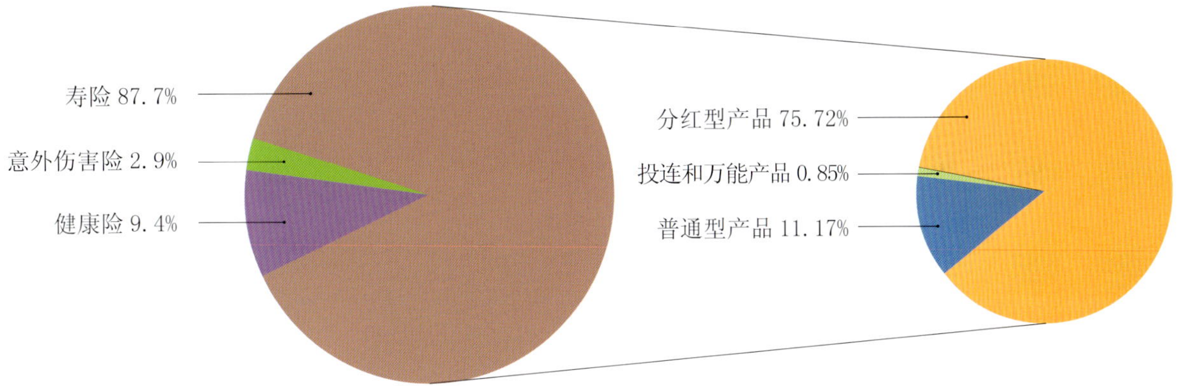

图 4　2013 年寿险公司业务构成

各渠道业务平稳发展

2013 年，个险渠道依靠续期保费的拉动，实现保费收入 5 495.9 亿元，同比增长 13.7%，保费占比 51.2%，较 2012 年同期提高 2.6 个百分点。银保渠道受多种不利因素影响，业务增长乏力，全年实现保费收入 3 940.1 亿元，同比下降 4.6%，保费占比 36.7%，较 2012 年同期下降 4.8 个百分点。公司直销渠道保费收入 1 026.6 亿元，同比增长 38.6%，渠道占 9.6%，较 2012 年同期提高 2.2 个百分点。专业代理渠道实现保费收入 76.7 亿元，同比增长 12.7%。保险经纪渠道实现保费收入 43.8 亿元，同比增长 14.8%。

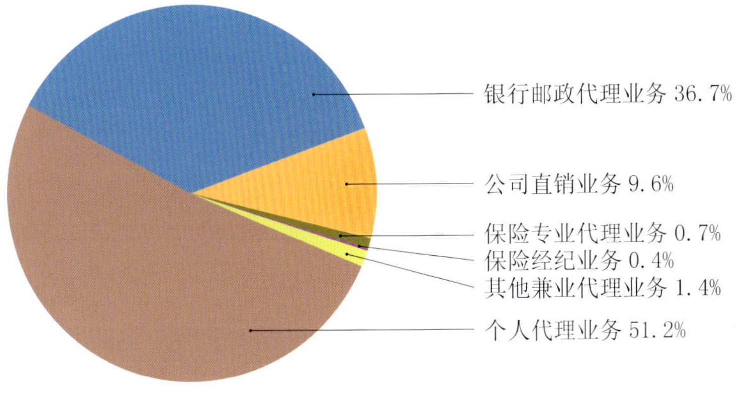

图 5　寿险公司保费收入渠道构成

市场集中度继续下降

截至 2013 年末，全国共有 70 家寿险公司，较 2012 年增加 3 家。其中，中资公司 42 家，较 2012 年末增加 1 家，即渤海人寿。外资公司 28 家，较 2012 年底增加 2 家，分别是中韩人寿、德华安顾。

2013年，保费前五家寿险公司市场份额合计为69.5%，较2012年同期下降1.5个百分点，市场集中度继续下降。

表2　2013年人身险公司保费收入前十名

排名	公司名称	资本结构	总保费（亿元）	市场份额（%）
1	中国人寿保险股份有限公司	中资	3 267.2	30.4
2	中国平安人寿保险股份有限公司	中资	1 460.9	13.6
3	新华人寿保险股份有限公司	中资	1 036.4	9.6
4	中国太平洋人寿保险股份有限公司	中资	951.0	8.9
5	中国人民人寿保险股份有限公司	中资	752.7	7.0
6	泰康人寿保险股份有限公司	中资	611.2	5.7
7	太平人寿保险有限公司	中资	518.5	4.8
8	中邮人寿保险股份有限公司	中资	230.4	2.1
9	生命人寿保险股份有限公司	中资	222.4	2.1
10	阳光人寿保险股份有限公司	中资	157.6	1.5
	合计		9 208.3	85.7

退保金增长较快

2013年，寿险公司退保金额达到1 906.1亿元，同比增长56.4%，退保率为3.85%，同比上升1.01个百分点。其中中资寿险公司退保率为3.9%，外资寿险公司退保率为2.84%。

赔款与给付支出增长较快

2013年，寿险公司各项赔款与给付支出2 651.4亿元，同比增长47.4%。

表3　2013年寿险公司赔款给付金额

险种	赔款给付金额（亿元）	同比增长（%）	占比（%）
寿险	2 250.8	51.6	84.9
健康险	335.2	32.6	12.6
意外险	65.4	7.1	2.5
合计	2 651.4	47.4	100.0

专栏五：我国人身保险业第一套重大疾病经验发生率表发布

2013年11月14日，中国人身保险业重大疾病经验发生率表(2006—2010年)在京正式发布，结束了我国保险行业没有疾病发生率表的历史。该套重大疾病经验发生率表共有5张表，包括6病种经验发生率男性表和女性表、25病种经验发生率男性表和女性表，以及恶性肿瘤、急性心梗、脑中风3种主要重大疾病的单病种发生率参考表。

保险中介市场情况

保险中介市场主体发展情况

保险专业中介机构

截至 2013 年末，全国共有保险专业中介机构 2 525 家，同比减少 4 家。其中，保险专业代理机构 1 767 家，保险经纪机构 438 家，保险公估机构 320 家。全国保险专业中介机构注册资本 223.9 亿元，同比增长 39.3%；总资产达 314.5 亿元，同比增长 36.5%。

保险兼业代理机构

截至 2013 年末，全国共有保险兼业代理机构 214 619 家，其中，银邮类 161 392 家，同比增长 11.5%；汽车企业类及交通运输类 24 929 家，同比减少 19.3%；其他类 28 108 家，同比减少 7.7%。

保险中介市场运行情况

2013 年，全国保险公司通过保险中介渠道实现保费收入 13 836.8 亿元，占 2013 年全国总保费收入的 80.3%，同比增长 8.5%。其中，财产险 4 122.5 亿元，人身险 9 714.4 亿元。

保险专业中介机构

2013 年，保险专业中介渠道实现保费收入 1 148.3 亿元，同比增长 15.9%。

——保险代理机构实现保费收入 718.1 亿元，其中财产险保费收入 641.4 亿元，人身险保费收入 76.7 亿元。佣金收入 131 亿元，其中财产险佣金收入 103.6 亿元，人身险佣金收入 27.4 亿元。

——保险经纪机构实现保费收入 430.3 亿元，其中财产险保费收入 386.5 亿元，人身险保费收入 43.8 亿元。业务收入 78.1 亿元，其中财产险业务收入 59.9 亿元，人身险业务收入 9.3 亿元，再保险业务收入 1.4 亿元，咨询业务收入 7.5 亿元。

——保险公估机构实现业务收入 19.4 亿元。

保险兼业代理机构

2013 年，全国保险兼业代理机构实现保费收入 5 887.5 亿元，其中财产险保费收入 1 789.4 亿元，人身险保费收入 4 098 亿元。

保险营销员

2013 年，全国保险营销员实现保费收入 6 801 亿元，其中财产险保费收入 1 305.1 亿元，人身险保费收入 5 495.9 亿元。

保险资金运用情况

截至 2013 年末，保险资金运用余额达 7.69 万亿元，较年初增加了 8 330.8 亿元，占保险业总资产的 92.6%。其中，银行存款 22 641 亿元，占比为 29.5%，较年初下降 4.8 个百分点；债券投资余额达 33 375.4 亿元，占比为 43.4%，较年初下降 1.2 个百分点；证券投资基金达 3 575.5 亿元，占比为 4.7%，较年初下降 0.6 个百分点；股票投资余额达 4 289.3 亿元，占比为 5.6%，较年初下降 0.9 个百分点；长期股权投资达 4 024 亿元，占比为 5.2%，较年初上升 2.1 个百分点；投资性房地产和基础设施债权投资计划达 4 778.3 亿元，占比为 6.2%，较年初上升 2.9 个百分点。

从 2013 年情况来看，保险资产配置呈现“一降二快三多”的特点。“一降”是指债券和银行存款稳中有降，2013 年末占比为 72.9%，与 2012 年的 78.8%、2011 年的 79% 相比，下降态势明显；“两快”是指高收益企业债投资和另类投资增长较快，2013 年末企业债同比增长 26%，股权同比增长 87.1%，不动产同比增长 90.4%，基础设施投资计划同比增长 109%。“三多”是指配置结构更加多元，长久期资产更多，创新产品更多。

投资收益创四年来最好水平。在 2013 年股市债市双双下跌的形势下，2013 年保险资金运用累计收益 3 658.3 亿元，比 2012 年增加 1 573.2 亿元，增长 75.5%；从投资收益率看，2013 年末投资收益率为 5.04%，比 2012 年增加 1.65 个百分点，创 4 年来最好水平。长期来看，随着另类投资收益的逐步释放，保险资金运用收益水平有望长期向好。

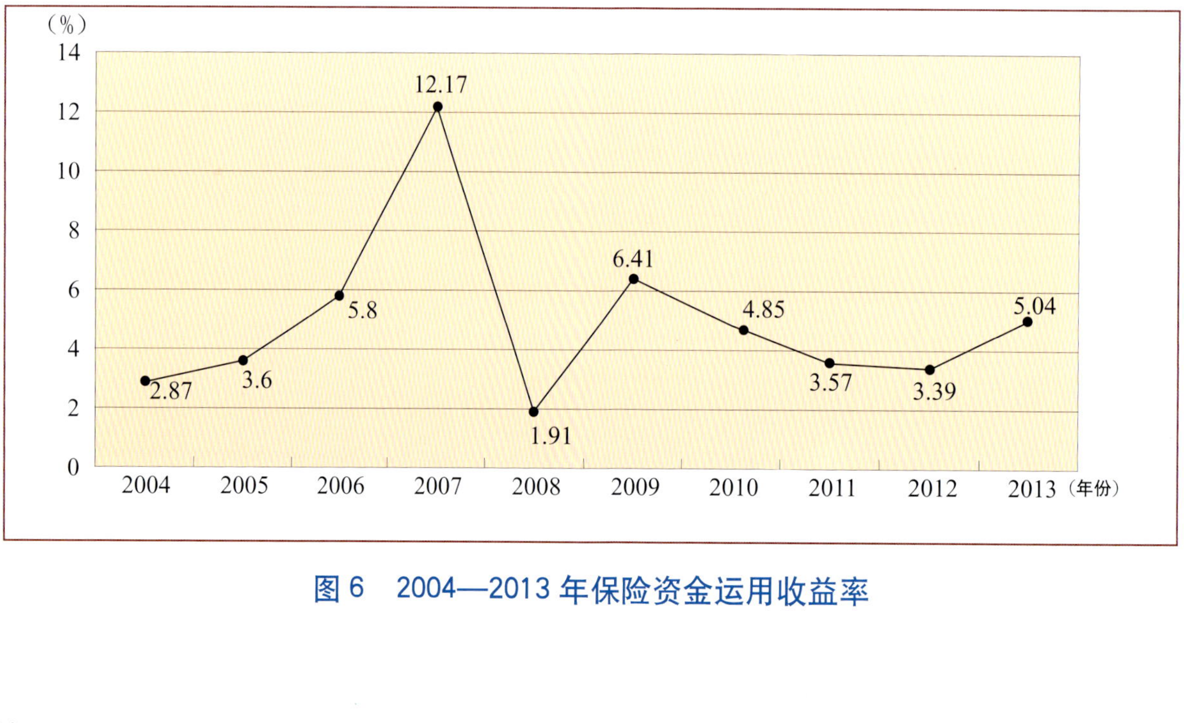

图 6　2004—2013 年保险资金运用收益率

专业再保险市场情况

截至 2013 年末，全国共有 1 家再保险（集团）公司，即中国再保险（集团）股份有限公司，9 家专业再保险公司，即中国财产再保险股份有限公司、中国人寿再保险股份有限公司、慕尼黑再保险公司北京分公司、瑞士再保险股份有限公司北京分公司、德国通用再保险股份有限公司上海分公司、法国再保险公司北京分公司、汉诺威再保险股份公司上海分公司、太平再保险有限公司北京分公司、RGA 美国再保险公司上海分公司（筹建中）。

2013 年，全国再保险公司的总分保费收入为 975.5 亿元，同比增长 36.5%；全国再保险公司的总分保赔付支出为 406.6 亿元，同比增长 26.1%。

外资保险业务情况

2013 年，外资保险公司实现保费收入 679.9 亿元，同比增长 25.3%，占全国保费收入的 4%，占比较上年提高 0.4 个百分点。各类赔款与给付支出 332 亿元，同比增长 34%。外资保险公司总资产达 4 335.3 亿元，同比增长 25.1%，占全国保险业总资产的 5.2%。

截至 2013 年末，共有 15 个国家和地区① 的保险公司在我国设立了 56 家外资保险公司，设立各级分支机构 1 887 家，外资保险机构代表处 137 家。

表 4　2013 年上海、北京、广州、深圳外资保险发展情况

城市	外资保费收入（亿元）	同比增长（%）	外资非寿险公司		外资寿险公司	
			保费收入（亿元）	同比增长（%）	保费收入（亿元）	同比增长（%）
北京	146.9	25.9	12.4	15.5	134.5	27.0
上海	125.5	14.0	19.7	5.8	105.9	15.7
广州	81.4	16.9	11.3	-3.7	70.0	21.1
深圳	34.4	35.7	4.1	6.3	30.3	41.0

外资非寿险公司

2013 年，外资非寿险公司保费收入为 83 亿元，同比增长 23.6%，增幅高于中资产险公司 6.5 个百分点。外资非寿险公司赔款支出 60.6 亿元，同比增长 154.4%。

①因瑞泰人寿保险有限公司外方股东变更，在华外资保险公司境外股东国家分布数由 2012 年的 16 个国家和地区变更为 15 个国家和地区。

表 5　外资非寿险公司市场份额前五名

序号	2013 年		2012 年		2011 年	
	名称	在外资非寿险公司中占比（%）	名称	在外资非寿险公司中占比（%）	名称	在外资非寿险公司中占比（%）
1	中航安盟	17.2	美亚	16.4	美亚	20.2
2	美亚	13.8	利宝互助	10.7	利宝互助	9.9
3	利宝互助	10.2	安盟	10.5	东京海上	9.1
4	安联	7.9	安联	8.6	三井住友	8.6
5	三星	7.4	三星	7.7	三星	8.2
	合计	56.5	合计	53.8	合计	56.1

交强险对外开放以来，外资非寿险公司的业务结构发生了较大变化，车险业务占比大幅度提高。对于外资非寿险公司，车险、企财险、责任险、货运险、农业险、意外险构成了其业务主要来源，上述六个险种占比分别为21.9%、19.1%、16.2%、14.2%、13.6%、7.3%，合计占比92.3%。

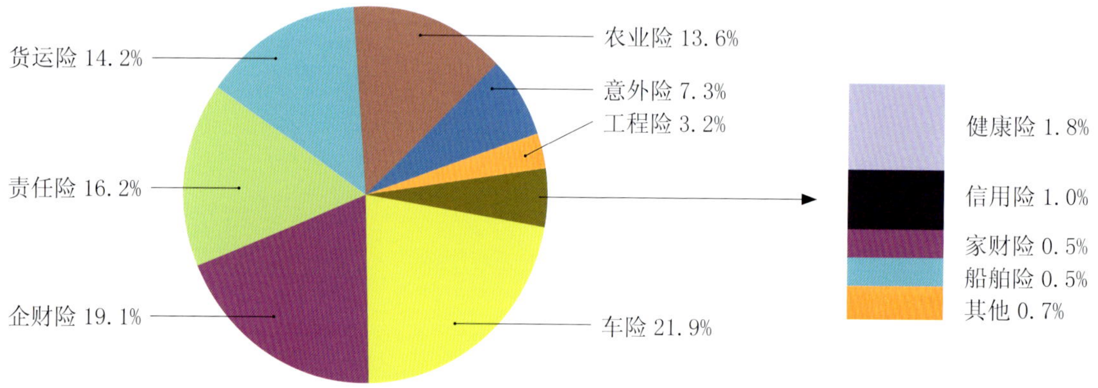

图 7　外资非寿险公司业务构成

外资寿险公司

2013年，外资寿险公司实现保费收入596.9亿元，同比增长25.6%，占全国寿险公司保费收入的5.6%，占比较上年提高0.8个百分点；新单期缴保费98.9亿元，同比增长10.6%，占外资寿险公司新单保费的33%。

表 6　外资寿险公司市场份额前五名

序号	2013 年		2012 年		2011 年	
	名称	在外资寿险公司中占比（%）	名称	在外资寿险公司中占比（%）	名称	在外资寿险公司中占比（%）
1	工银安盛	17.2	友邦	18.3	友邦	21.2
2	友邦	15.8	工银安盛	10.0	中意	9.3
3	中美联泰	9.5	中美联泰	9.8	中英人寿	9.2
4	中意	8.0	中意	8.8	信诚	8.9
5	招商信诺	7.1	信诚	7.6	中美联泰	8.2
	合计	57.6	合计	54.5	合计	56.8

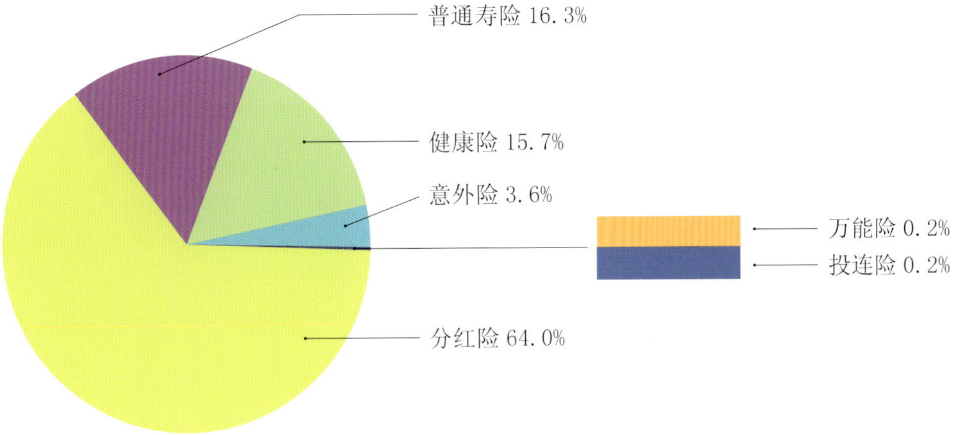

图 8　外资寿险公司业务构成

外资再保险公司

外资再保险公司分保费收入 481.8 亿元，同比增长 65.6%，占全国再保险公司分保费收入的 49.4%。总分保赔付支出 203.1 亿元，同比增长 33.6%。利润总额为 10.5 亿元，同比减少 29.6%。

中资保险机构在海外设立机构情况

截至 2013 年末，共有 12 家境内保险机构在境外设立了 31 家营业机构，其中包括 9 家资产管理公司。共有 4 家境内保险机构在境外设立了 7 家代表处。

保险系统员工摄影作品

06

保险业改革创新

- 保险业改革取得新突破
- 保险业创新力度进一步加大

保险业改革取得新突破

人身险费率定价机制改革

经国务院批准，2013年8月5日普通型人身保险费率政策改革正式启动。本次费率政策改革的基本思路是放开前端、管住后端，即前端的产品预定利率由保险公司根据市场供求关系自主确定；后端的准备金评估利率由监管部门根据“一篮子资产”的收益率和长期国债到期收益率等因素综合确定，通过后端影响和调控前端合理定价。具体内容包括两个方面：一是放开普通型人身保险预定利率，将定价权交给公司和市场。普通型人身保险预定利率由保险公司按照审慎原则自行决定，不再执行2.5%的上限限制。二是明确法定责任准备金评估利率标准，强化准备金和偿付能力监管约束，防范经营风险。改革后新签发的普通型人身保险保单，法定责任准备金评估利率不得高于保单预定利率和3.5%两者中的低者。

为保障改革顺利实施，保监会同时出台了与之相配套的监管政策：一是对国家政策鼓励发展的养老业务实施差别化的准备金评估利率，允许养老年金等业务的准备金评估利率最高上浮15%，支持发展养老保险业务。二是适当降低长期人身保险业务中风险保额相关的最低资本要求，鼓励和支持发展风险保障业务。三是在控制费用总水平、消费者利益不受损害的前提下，由保险公司自主确定佣金水平，优化费用支付结构，促进风险保障业务发展。四是进一步规范总精算师的任职和履职，明确总精算师责任，发挥精算专业力量在费率改革中的积极作用。五是加强人身保险条款和保险费率的管理，将偿付能力状况作为保险条款和保险费率审批、备案的重要依据，并根据预定利率是否高于规定的评估利率上限，分别采取审批、备案方式进行管理。

费率改革方案可行、保障有力，改革实施至今成效已初步显现：一是人身险业务发展能力增强，结构调整成效初步显现。受费率改革新政及前期配套措施的综合影响，人身保险业务全面回升，保险业务回归保障趋势明显。二是经营体制机制改革加速，现代企业制度逐步健全。保险公司经营自主权进一步落实，经营决策机制更加完善，对市场的反应更加灵敏，面对风险更加注重自我约束。保险公司更加注重成本控制，更加注重负债部门与投资部门的协调联动，更加注重资产负债管理和资本管理等核心能力的提升。三是保险监管方式方法升级，监管能力和水平得到提升。此次费率改革借鉴国际保险监管先进理念，进一步丰富和完善了现有监管指标体系，风险防控更为周密。

资金运用市场化改革

2013年，保监会稳步推进保险资金运用市场化改革，切实简政放权，加快转变监管方式，出台了一系列政策措施，释放了改革红利，增强了市场活力，取得了积极成效，守住了风险底线。

一是积极推进基础设施投资计划注册制改革。2013年初，将基础设施投资计划等产品的发行方式由备案制改为注册制，实行集中注册登记的产品发行机制，改变了过去逐单备案的运作模式。从运作情况看，进展较为顺利，一年来注册发行的规模相当于过去7年的总和。

二是实施投资能力监管改革。2013 年 2 月，发布《关于加强和改进保险机构投资管理能力建设有关事项的通知》，进一步将投资能力明确为七大类，实施牌照化管理。

三是启动资金运用比例监管政策改革。2013 年 8 月，发布《关于加强和改进保险资金运用比例监管的通知》(征求意见稿)，拟按照“抓大放小”的思路，进一步放宽比例限制，实行大类资产比例监管制度。

四是支持行业创新试点。试点资产管理产品和项目资产支持计划，丰富了资产管理公司发起设立产品的多样性和多层次性。支持保险机构运用股债结合等形式，对接融资项目，满足不同融资需求，取得了较好的市场效益和社会效益。

五是健全保险资产管理运作机制。推动成立中国保险资产管理业协会，实现监管、协会和市场三者之间的良性互动。启动建立资产管理产品集中登记交易系统的相关工作，推动实现资产管理产品的集中登记以及到相关交易场所挂牌转让。

六是加快转变监管方式。按照“放开前端、管住后端”的总体思路，落实投资风险责任人机制、强化资产负债匹配监管、完善外部信用评级监管、强化风险监测和现场检查、建立地方保监局资金运用联系人机制，推进属地监管工作。

专栏六：2013 年保险资金运用市场化改革大事记

◆ 2013 年 2 月，发布《关于债权投资计划注册有关事项的通知》，明确基础设施投资计划发行方式由备案制改为注册制。

◆ 2013 年 2 月，发布《关于加强和改进保险机构投资管理能力建设有关事项的通知》，将投资能力明确为七大类，实施牌照化管理。

◆ 2013 年 2 月，发布《关于保险资产管理公司开展资产管理产品业务试点有关问题的通知》，启动资产管理产品试点工作。

◆ 2013 年 3 月，启动项目资产支持计划试点工作。

◆ 2013 年 4 月，成立保监会层面的资产负债匹配监管委员会。

◆ 2013 年 4 月，发布《关于保险机构投资风险责任人有关事项的通知》，落实投资风险责任人制度。

◆ 2013 年 5 月，保监会研究决定成立中国保险资产管理业协会。

◆ 2013 年 6 月，保监会研究决定建立保险资产管理产品交易流通机制。

◆ 2013 年 6 月，试点股债结合投资模式，保险资产管理公司发起设立 360 亿元的中石油管道项目。

◆ 2013 年 8 月，发布《关于加强保险资金投资债券使用外部信用评级监管的通知》，加强信用风险管理，规范外部信用评级使用行为，填补了评级机构监管的空白。

◆ 2013 年 8 月，发布《关于加强和改进保险资金运用比例监管的通知》(征求意见稿)，按照“抓大放小”的思路，实行大类资产比例监管制度。

◆ 2013 年 10 月，初步建立保监局资金运用联系人机制。

市场准入退出机制改革

2013 年，中国保监会进一步深化市场准入退出机制改革工作。实施保险公司业务范围分级管理制度，按照“有进有出、动态调整、稳步推进”的原则，对产险和寿险的业务范围进行了细分，确定了相应的准入和退出条件。建立中资保险法人机构审核委员会制度，印发《中资保险法人机构准入审核委员会工作规程》。加强保险公司法人机构股权管理工作，适当放宽中资保险公司单一股东持股比例，规范股权投资企业投资保险公司行为。制定保险公司收购合并管理办法，完善市场退出和风险处置制度。

专栏七：中国保监会成立中资保险法人机构准入审核委员会

为健全保险市场准入退出机制、提高审核工作的质量和透明度，2013 年 7 月，中国保监会成立中资保险法人机构准入审核委员会。委员会主要审核中资保险法人机构的筹建事项。除依法不予受理、暂缓受理和发起人主动撤回申请的情况外，所有有效的中资保险法人机构准入申请均提交委员会审议。委员会的审核对象为中资保险集团（控股）公司和中资保险法人机构。

宁波深化农村保险互助社试点

2011 年 9 月，宁波慈溪市龙山镇西门外村成立“伏龙农村保险互助社”。2013 年 6 月，宁波市在总结前期经验的基础上，进一步深化农村保险互助社试点。主要内容包括：一是将互助社试点从一个村扩展到宁波慈溪市龙山镇的其他 8 个村。二是在龙山镇设置镇级保险互助联社，为村级互助社提供产品设计、资金管理、核保理赔支持等方面的服务。三是经营范围在原有家财险、意外险、短期健康医疗保险的基础上增加城乡居民补充医疗保险等险种。农村保险互助社是完善农村金融保险服务的一项重要创新，对于提高保险服务“三农”水平具有积极作用，也是农村社会管理组织的一项重要创新，通过保险利益的联结，使农村社会管理有了一个新的载体。

国内首家自保公司正式成立

2013 年 12 月 26 日，中石油专属财产保险股份有限公司在新疆克拉玛依市完成工商注册，标志着中国大陆境内首家自保公司正式成立。该公司的成立，对提升中国石油集团公司风险管理水平和服务能力，丰富保险市场主体、促进我国保险事业和社会经济发展，具有重要意义。

保险业创新力度进一步加大

2013 年，保险业从服务经济社会发展大局出发，积极开展产品创新，不断满足市场需求；加大服务创新力度，提升消费者满意度；推动管理创新，激发企业活力；促进体制机制创新，提升行业竞争力。在一系列创新举措的推动下，保险业的专业化水平不断提升、保险覆盖面不断扩大、服务大局能力进一步增强。

专栏八：我国巨灾保险制度实现突破

巨灾保险制度是利用保险机制预防和分散巨灾风险，并提供灾后损失补偿的制度安排，是市场经济条件下国家自然灾害风险管理体系的重要组成部分，能够在国家综合减灾体系中发挥必要的补充作用。

保监会积极开展巨灾保险课题研究，评估我国巨灾风险管理和巨灾保险现状，探索推动巨灾保险发展。按照因地制宜、试点先行的原则，指导深圳、云南等地开展地震和综合巨灾保险试点工作。2013 年 12 月 30 日，《深圳市巨灾保险方案》经深圳市政府常务会议审议并原则通过，深圳市巨灾保险制度正式实施，我国巨灾保险实现了“零”的突破。

产品创新

保险公司深度挖掘市场需求，创新开发适用型保险产品，在服务“三农”、新型城镇化发展战略、小微企业、经济结构调整及创新社会管理等方面成效显著。

平安产险为个人账户资金安全提供风险保障

针对互联网资金安全案件频发，威胁个人账户安全的现状，平安产险推出个人账户资金损失保险，为客户的网银、银行卡、第三方支付账户等提供全面保障，并持续服务升级。产品推出以来，已累计为十余万客户提供保障。

永诚保险承保国内首单风力发电指数保险

2013 年 12 月，永诚保险成功承保国内首单风力发电指数保险。风力发电指数保险产品为风电运营行业固有的风力资源波动风险提供了有效的解决方案，有利于风电行业的持续稳定发展。

太平洋产险为住宅质量安全提供风险保障

太平洋产险借鉴国际先进经验，创新险种，为住宅质量安全提供风险保障，开发商、业主、政府及保险公司等多方实现共赢。该项目荣获 2013 年上海金融创新成果一等奖。

华泰保险开展产品创新
为网络购物退货提供风险保障

2013 年 11 月 11 日，华泰保险基于淘宝平台开发的创新险种单日成交超过 1.5 亿笔，保费规模近 9 000 万元，创造了保险业单日同一险种成交笔数的世界纪录。该险种为网络购物退货提供风险保障，发挥了繁荣电子商务市场、降低网络交易成本等积极作用。

中华财险服务高速公路施工行业安全生产

针对高速公路道路施工行业安全生产责任保险需求，中华财险组织开发专属险种，为高速公路施工人员及第三者提供风险保障。该产品的保障范围涉及第三者人身伤亡和财产损失、企业施工人员的意外事故人身伤亡、抢险救援费用、事故鉴定费用和法律服务费用。该险种有效填补了高速公路道路施工行业安全生产责任保险的空白。

服务创新

2013年，保险业加大服务创新力度，进一步完善保险服务体系，借助移动及互联网技术提高承保、查勘、定损及理赔效率，加强理赔标准化建设，加大理赔信息披露力度，努力提升消费者满意度。

广东制定保险服务地方标准

2013年，广东保监局申报的广东省地方标准《保险服务规范》、《车险小额赔案快速理赔服务规范》得到批准，由广东省质量技术监督管理局正式发布。《保险服务规范》对展业、承保、回访、保全、退保、防灾防损、理赔等服务环节进行全面规范。依照《车险小额赔案快速理赔服务规范》，广东省内2000元以下车险赔案，自报案之日起，3个工作日内需赔付到账。这两个规范填补了国内保险服务标准体系的空白。

江苏建立节假日高速公路事故快速处理机制

江苏保险业在全国率先建立重大节假日期间高速公路轻微交通事故快速处理工作机制。根据车流量特点，在高速公路服务区和收费站设置临时快速处置点，与交通巡警部门协调联动提供“一站式”保险理赔简化服务，提高高速公路事故处理效率，为群众节假日顺畅出行提供了保障。

阳光保险携手银联业内首推电子保单托管服务

2013年9月，为了打造安全的网购环境，阳光保险携手中国银联在业内率先推出一项创新的电子保单新服务——电子保单托管服务。

生命人寿推出E服务体验中心

2013年，生命人寿推出“E服务”体验中心项目，其核心功能为终端自助服务，包括公共信息展示终端和自助服务终端，以客户的即时自助操作代替服务人员的非实时作业，完全打破传统保险服务在人员数量、作业时效等方面的限制，是现代电子技术与传统保险服务模式的有效结合，提高了客户的服务满意度。

管理创新

2013年，保险公司通过创新管理机制、创新管理规则、创新管理技术，进一步加强对公司高管及员工的管理及考核，完善公司运营规则，向管理要效益。

华泰探索社区保险服务专属代理人（EA）模式

华泰财险研究借鉴美国、欧洲、日本等发达国家保险市场经验，打造形成的华泰专属代理人（Exclusive Agent，EA）模式，经过几年的实践，已初步成为适应中国市场的创新保险销售模式。截至2013年末，华泰财险已在全国20个省区建立了819家EA社区保险门店，年度累计保费收入5亿元。

人保财险建立闭环式服务质量管理体系

2013年，人保财险围绕服务标准化落地、服务质量管控、服务外部监测、服务考核激励等环节，连续第五年开展外部神秘人服务测评和外部客户满意度调查，并强化测评结果的考核应用，初步构建起完整的服务质量闭环式管理体系。

体制、机制创新

2013 年，保险业积极深化改革，完善经营控制机制、业务发展机制、人才管理机制等制度机制建设，推动行业加快转变发展方式。

中银保险首次推出《公司治理手册》系列丛书

为辅助董事、监事和管理层更加清楚其职责边界，熟悉监管要求，更好地履行受托责任，2013 年，中银保险有限公司在对现行法律法规进行梳理的基础上，首次推出公司治理手册系列丛书，以适应监管的新变化和公司治理实践的需要。

董事履职服务

太平洋保险为客户提供“一站式”产寿综合服务

2013 年，太平洋保险集团在业内首家提供“一站式”产寿综合服务，通过派驻、共建方式实现了 250 多家产、寿门店共享，满足客户“一站式”服务需要和多样化需求。左图为太保集团在福州建设的标准店，通过引入移动互联技术和坐享模式，为客户提供产寿险“一站式”综合服务，满足客户多方位需求。

技术创新

2013 年，保险业积极推动技术创新，运用大数据、移动通信、互联网等手段，提高风险因素及有关数据信息的分析能力，改善承保、理赔服务质量。

中再产险发布国内首条风险曲线

2013 年 9 月 25 日，中再产险发布了国内首条风险曲线——中再风险曲线。该曲线立足于中再产险行业数据分析中心收集到的过去 3 年近 50 万条企财险数据，在一定程度上反映了中国财产保险的风险特征，代表财产保险行业平均损失水平，是对中国财产保险损失分布的刻画，为科学评估风险提供了重要指引，打破了长期依赖国外风险曲线的局面，对促进行业发展具有重大意义。

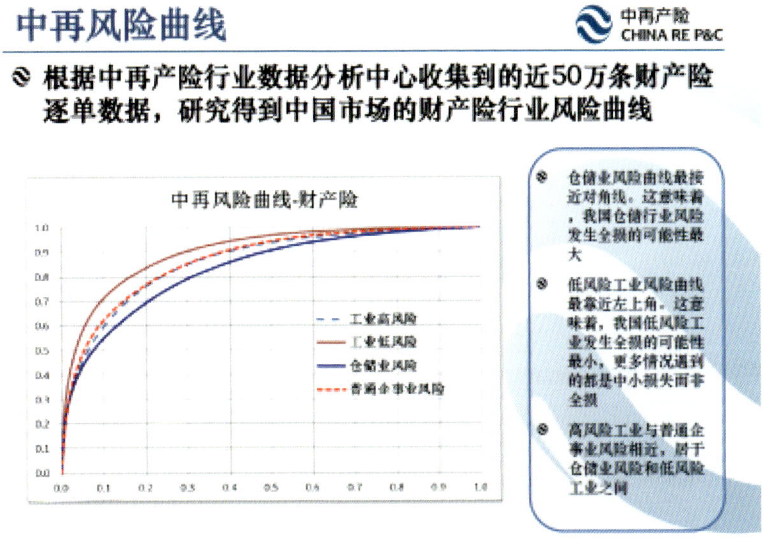

国元保险运用地理信息系统防范虚假承保理赔

2013年，国元保险综合运用GIS、GPS和RS、无人机技术等开发的农业保险地理信息系统（GIS）投入试运行。通过测量种粮大户投保土地的四至信息并将GPS坐标导入GIS系统，与核心业务系统中的保单进行关联，实现了对承保标的准确锁定，从而在承保源头控制道德风险。同时，还可以将查勘照片上传到GIS系统，作为定损依据。对于大面积水灾，还可以利用无人机进行航拍，测算出实际受灾面积，结合系统的区域损失统计分析功能，推算出损失额。

国内首家专门从事国家风险研究的智库型机构成立

2013年4月19日，中国信保成立了国内首家专门从事国家风险研究的智库型机构——国别风险研究中心，进一步加强了国家风险研究力量，为提升我国开放型经济水平、增强我国企业国际竞争力、合理规避对外贸易和投资风险提供更多的智力支持。

保险系统员工摄影作品

07

保险消费者权益保护与教育

- 消费者保护制度建设日趋完善
- 消费者保护工作机制初步建立
- 保险消费投诉处理水平稳步提高
- 消费者反映集中的突出问题得到治理
- 公众宣传和消费者教育力度不断增强

消费者保护制度建设日趋完善

一是制定《保险消费投诉处理管理办法》，为全行业消费投诉处理工作的规范有效开展提供制度依据。二是发布《中国保监会关于贯彻实施〈保险消费投诉处理管理办法〉的通知》，对各保监局、各保险公司、中国保险行业协会如何做好保险消费投诉处理工作提出指导意见。三是下发《关于开展保险公司投诉处理考评工作的通知》，启动对各保险公司投诉处理年度考核，促进投诉处理工作水平进一步提升。

消费者保护工作机制初步建立

一是保险纠纷调处覆盖面进一步扩大。2013 年，各保监局辖区全部建立了保险纠纷调处机制，累计设立了 326 个调解机构，其中新增保险纠纷调解机构 107 家。保险纠纷“诉调对接”机制试点工作稳步推进，31 个试点地区均与当地法院建立了该机制。2013 年，全行业成功调解案件 2.6 万件（其中诉调对接机制下调解案件 2 万件），涉及金额 8.4 亿元。二是涉及消费者利益的信息披露机制初步建立。每季度向社会披露保险公司消费者投诉情况，为消费者选择保险公司提供信息支持。三是社会监督机制进一步完善。保监会通过建立信息交流平台、召开座谈会、组织参观体验活动等方式，向社会监督员介绍保监会的决策部署、保险市场的基本情况和保险监管的重大举措，听取社会监督员的意见和建议。

专栏九：保险纠纷诉讼与调解对接机制效果显现

2012 年末，中国保监会和最高人民法院联合下发通知，决定从 2013 年起在全国部分地区开展建立保险纠纷诉讼与调解对接机制试点工作。试点地区法院采用立案前委派调解、立案后委托调解等方式，引导当事人通过调解高效、低成本地解决纠纷。经调解组织、调解员主持调解达成的调解协议，具有民事合同性质，当事人可申请有管辖权的人民法院确认其效力，经人民法院确认有效的调解协议具有强制执行力。截至 2013 年末，全国共有 125 个地市建立保险纠纷诉调对接机制，调解案件 2 万件。诉调对接机制效果逐渐显现，形成六方共赢格局：保险消费者——缩短了投诉处理时间，降低了维权成本；保险公司——节省了诉讼费用，缓和了与保险消费者的矛盾；人民法院——减轻了案件受理负担；保险行业协会——提高了消费者信任度和对会员公司的服务能力；保险监管部门——减少了保险消费者投诉；当地政府——减轻了维稳压力。

保险消费投诉处理水平稳步提高

一是妥善处理保险消费者投诉事项。规范消费者投诉处理管理办法，完善公司投诉处理考评机制，畅通消费者投诉渠道，提高投诉处理水平。全年处理各类保险消费投诉2.1万件，有效地维护了消费者权益。二是提升“12378”热线工作质量和效率。强化“12378”热线工作人员业务知识和服务技能培训，加强热线系统维护和升级改造，进一步完善系统功能。2013年，“12378”热线全国转人工呼入总量近17万个，群众满意度超过98%。三是保证消费者投诉维权渠道畅通。在保监会官方网站上公布投诉信函邮寄地址、传真号码、电子邮箱以及来访接待地址，确保“信、访、电、网”四位一体的消费者投诉维权渠道畅通。

消费者反映集中的突出问题得到治理

一是加强人身险客户信息真实性管理，完善寿险综合治理销售误导效果评价机制。二是建立车险理赔服务评价指标体系，推动理赔服务标准化。三是开展车险理赔难和网站强制销售保险等问题的专项检查。四是开展清理财产保险积压未决赔案，并着手建立清理财产保险积压未决赔案的长效工作机制。

公众宣传和消费者教育力度不断增强

一是设立“全国保险公众宣传日”。保监会将每年7月8日确定为“全国保险公众宣传日”，以此为契机，大力普及保险知识，广泛宣传保险业在完善现代金融、社会保障、农业保障、防灾减灾、社会管理五大体系建设中的作用。二是在金融系统率先开通微博、微信，顺应新媒体发展趋势，将新闻发布延伸到网络空间。三是拍摄制作行业形象宣传片。结合公益宣传，拍摄了五部行业宣传片在中央电视台、中央人民广播电台和部分地方卫视播出，向社会传递行业理念和文化。四是“3·15”期间，在全国范围内组织以“诚信保险优质服务”为主题的消费者权益保护系列活动，全行业共开展各类活动9 829项，参与人数逾百万人。五是指导保险公司继续做好服务承诺公开工作。要求各保险公司根据消费者需要与监管机构要求不断细化承诺内容，完善考评机制，强化责任追究，并在保险行业协会网站集中统一公开服务承诺。六是在主要媒体开辟保险消费者教育专栏，报道保监会关于消费者保护的政策资讯，普及保险消费知识，引导消费者科学理性消费。七是开展“十佳服务标兵、十佳服务窗口”评比及宣传工作，在保险行业协会网站、《中国保险报》开辟“双十佳风采展示”专栏，做好典型宣传，充分发挥服务典型的引领示范带动效应。

“全国保险公众宣传日”在北京启动

2013年7月8日，首个全国保险公众宣传日在北京启动。首个公众宣传日的年度主题是“倾听由心，互动你我”。中国保监会、中国保险行业协会推动各地监管部门、行业协会、保险机构在全国范围内开展保险公众宣传活动，通过多种方式倾听社会公众对保险的期待和心声，向社会公众普及保险知识，介绍保险功能作用，宣传保险行业服务经济社会发展成就，促进全社会保险意识进一步提高。左图为中国保监会主席项俊波在启动仪式上致辞。

保险业通过行业形象宣传片传播保险理念

2013年，保险业在中央电视台、中央人民广播电台和部分地方卫视投放了一组保险行业形象宣传片。行业形象宣传片直观地诠释了保险的功能作用，全面展示了保险行业在服务经济社会发展中的重要作用，使“保险，让生活更美好”的主题和理念更加深入人心，取得了良好的社会反响和传播效果。

08

2014 年中国保险市场发展展望

- 保险业仍处于发展黄金时期
- 保险市场有望继续保持稳中有进的增长态势
- 保险监管工作将进一步完善和加强

2014年是全面贯彻党的十八届三中全会精神，全面深化改革的第一年，也是完成“十二五”规划任务至关重要的一年。随着外部法律、政策环境的不断改善，各项市场化改革措施的不断深化，以及行业形象建设的不断推进，保险业将迎来一个新的发展阶段。

保险业仍处于发展黄金时期

2014年，我国宏观经济有望继续保持平稳较快发展势头，人民群众生活水平不断提高，社会财富和居民财富不断积累，将为保险业发展提供良好的外部环境。十八届三中全会对我国全面深化改革进行了总体部署，对农业保险、巨灾保险、养老保险、健康保险等重点领域提出了明确要求，为保险业下一步改革发展指明了方向。保险业长远发展的市场基础、监管基础、人才基础、社会基础不断夯实，保险行业形象不断改善，保险独有的保障优势日益得到发挥，将为保险业持续健康发展注入源源不断的动力。与此同时，世界经济复苏还存在不稳定、不确定因素，国内经济短期下行压力有所加大，金融市场竞争格局正在发生深刻变化，保险业传统的发展方式亟待转型，保险产品竞争力亟须提高，保险市场秩序有待进一步规范，保险业稳健发展仍面临一些风险和挑战。

保险市场有望继续保持稳中有进的增长态势

2014年，中国保险业将按照稳中求进的总体工作基调，深入贯彻中央经济工作会议和城镇化工作会议精神，牢牢抓住全面深化改革的重大机遇，打破市场发展瓶颈，激发市场动力和活力，克服不利影响和各种困难，继续保持保险业务的平稳增长，推动保险市场实现稳健运行，不断开创保险市场发展的新局面。

保险监管工作将进一步完善和加强

2014年，保险监管工作将全面贯彻落实党的十八大、十八届二中全会、十八届三中全会、中央经济工作会议和习近平总书记系列重要讲话精神，把改革创新贯穿于保险监管各个环节，坚持“抓服务、严监管、防风险、促发展”，着力深化保险改革，着力防范化解风险，着力保护保险消费者权益，着力推进监管现代化，促进保险业持续健康发展。

保险系统员工摄影作品

保险系统员工摄影作品

09

附录

附录一　2013年中国保险市场重要监管动态

1月6日，中国保监会印发《保险销售从业人员监管办法》，统一了销售人员的资格要求和职业规范。

1月16日，中国保监会印发《保险专业代理机构基本服务标准》、《保险经纪机构基本服务标准》和《保险公估机构基本服务标准》，细化了保险中介机构各流程、各环节的服务标准和要求，为消费者评价保险中介机构服务水平提供了具体依据。

1月21日，环境保护部与中国保监会联合印发《关于开展环境污染强制责任保险试点工作的指导意见》，指导各地在涉重金属企业和石油化工等高环境风险行业推进环境污染强制责任保险试点。

1月24日，2013年全国保险监管工作会议在北京召开，中国保监会党委书记、主席项俊波出席会议并讲话。

1月24日，中国保监会印发《关于加强和改进保险机构投资管理能力建设有关事项的通知》，简化现场评估程序，对投资能力实行牌照化管理。

2月1日，中国保监会印发《关于债权投资计划注册有关事项的通知》，将基础设施投资计划发行方式由备案制改为注册制。

3月1日，我国第一部专门针对农业保险的法规《农业保险条例》正式实施。

3月12日，中国保监会印发《保险公司城乡居民大病保险业务管理暂行办法》，对保险公司开展大病保险业务的市场准入和退出条件、业务管理等进行了具体规定。

3月12日，中国保监会印发《保险公司发展规划管理指引》，进一步规范保险公司发展规划工作，切实发挥发展规划在公司经营管理中的引领作用。

3月15日，中国保监会印发《保险公司分支机构市场准入管理办法》，进一步规范保险公司分支机构审批工作，加强保险公司分支机构设立管理。

3月15日，中国保监会对《保险公司次级定期债务管理办法》进行修改，进一步规范保险公司次级定期债务的募集、管理、还本付息和信息披露行为，保证保险公司的偿付能力。

3月21日，中国保监会正式发布保险监管核心价值理念和保险行业核心价值理念。保险监管核心价值理念是“为民监管、依法监管、科学审慎、务实高效”，保险行业核心价值理念是“守信用、担风险、重服务、合规范”。

4月25日，中国保监会印发《人身保险电话销售业务管理办法》，进一步规范人身保险电话销售业务发展，打击销售误导，解决电话扰民问题，切实保护消费者合法权益。

4月27日，中国保监会修改《保险专业代理机构监管规定》和《保险经纪机构监管规定》，提高了保险中介市场的准入门槛。

5月2日，中国保监会印发《保险公司业务范围分级管理办法》，进一步规范保险公司业务范围管理，建立健全保险市场准入和退出机制，促进保险行业专业化、差异化发展。

5月3日，中国保监会印发《中国第二代偿付能力监管制度体系整体框架》，明确了第二代偿付能力监管制度体系（以下简称偿二代）的总体目标，确立了“三支柱”框架体系，制定了偿二代建设的若干基本技术原则，既为偿二代建设勾勒出了完整的蓝图，也为偿二代各项技术标准的研制和测算奠定了坚实的基础。

5月6日，中国保监会印发《养老保障管理业务管理暂行办法》，进一步规范养老保险公司养老保障管理业务经营行为，保护养老保障管理业务活动当事人的合法权益，促进保险业积极参与多层次养老保障体系建设。

7月1日，中国保监会印发《保险消费投诉处理管理办法》，自2013年11月1日起施行。该办法的出台将进一步规范我国保险消费投诉处理工作，畅通保险消费者维权渠道，提高保险消费投诉处理工作效率。

7月8日，首个全国保险公众宣传日在北京启动。中国保监会主席项俊波和北京市委常委、常务副市长李士祥分别致辞，中国保监会开通了官方微博和微信公众账号。中国保监会机关向公众代表开放，保监会领导和有关部门负责人与公众代表进行了座谈。

7月25日，中国保监会成立中资保险法人机构准入审核委员会，进一步健全保险市场准入退出机制，提高审核工作的质量和透明度。

8月1日，中国保监会印发《关于普通型人身保险费率政策改革有关事项的通知》，正式启动人身险费率定价机制改革。取消传统寿险产品2.5%的预定利率上限，明确准备金评估利率，降低保障产品资本要求，在风险可控的前提下为提升寿险产品竞争力创造了条件。

9月2日，中国保监会印发《人身保险公司服务评价管理办法》，引导保险公司不断优化服务流程、改进服务质量。

9月2日，中国保监会印发《保监局案件风险监管考核办法》，从基础管理、案件风险预防与警示教育、案件报告与风险处置、督促问责与整改四个环节，对各保监局案件风险监管工作进行全流程的量化考核评估，进一步完善了保险案件风险监管的制度体系。

11月4日，中国保监会印发《人身保险客户信息真实性管理暂行办法》，进一步加强人身保险公司客户信息真实性管理，提高客户服务质量。

12月2日，中国保监会印发《关于自保公司监管有关问题的通知》，对自保公司的设立、经营、监管等方面进行了规定。

附录二　2004—2013年中国主要保险指标

表1　2004—2013年保费及结构①

年份	保费		寿险公司		非寿险公司	
	绝对值（亿元）	增长率（%）	绝对值（亿元）	增长率（%）	绝对值（亿元）	增长率（%）
2004	4323.0	12.3	3198.2	7.2	1124.8	30.0
2005	4928.4	14.0	3644.9	14.0	1283.1	14.1
2006	5640.2	14.4	4059.1	11.3	1581.1	23.2
2007	7033.4	25.0	4946.5	21.9	2086.6	32.0
2008	9789.1	39.2	7342.6	48.5	2446.2	17.3
2009	11137.3	13.8	8144.2	11.0	2992.9	22.4
2010	14528.0	30.4	10500.9	28.9	4026.9	34.6
2011	14341.0	10.5	9560.0	6.9	4780.9	18.7
2012	15485.5	8.0	9955.4	4.1	5530.1	15.7
2013	17217.9	11.2	10736.5	7.9	6481.2	17.2

表2　2004—2013年保险深度、保险密度②

年份	保险深度（%）	保险密度（元／人）
2004	3.39	332.2
2005	2.70	375.6
2006	2.80	431.3
2007	2.93	532.4
2008	3.25	736.7
2009	3.32	834.4
2010	3.65	1083.4
2011	3.04	1064.4
2012	2.98	1143.7
2013③	3.03	1265.4

表3　2004—2013年保险资金运用收益率

年份	资金运用收益率（%）
2004	2.87
2005	3.60
2006	5.80
2007	12.17
2008	1.91
2009	6.41
2010	4.85
2011	3.57
2012	3.39
2013	5.04

① 2004—2010年的保费数据为执行《企业会计准则解释第2号》前的业务口径统计数据。

② 2004—2010年的保险深度、保险密度根据执行《企业会计准则解释第2号》前的业务口径统计数据计算。

③ 2013年GDP为568 845.21亿元，2013年末总人口为136 072万人，数据来源于国家统计局网站。

表 4 2013 年各地区保费情况

地区	原保险保费收入			财产保险			人身保险		
	本年累计（万元）	同比增长（%）	占比（%）	本年累计（万元）	同比增长（%）	占比（%）	本年累计（万元）	同比增长（%）	占比（%）
全国合计	17217.9	11.2	100.0	6212.3	16.6	100.0	11005.6	8.4	100.0
一、集团、总公司本级	85.2	2.0	0.5	83.2	2.0	1.3	2.1	108.4	0.0
二、东部地区	9939.8	11.0	57.7	3587.8	15.2	57.8	6352.0	8.8	57.7
北京	995.5	7.9	5.8	288.0	7.9	4.6	707.5	8.0	6.4
天津	276.8	16.2	1.6	102.3	12.7	1.7	174.5	18.4	1.6
河北	837.8	9.4	4.9	309.8	19.8	5.0	528.0	4.0	4.8
辽宁	446.3	10.9	2.6	165.5	15.5	2.7	280.8	8.4	2.6
大连	176.0	9.6	1.0	63.6	10.3	1.0	112.4	9.2	1.0
上海	821.5	0.1	4.8	285.3	11.2	4.6	536.2	-5.0	4.9
江苏	1446.0	11.1	8.4	518.6	17.6	8.4	927.4	7.8	8.4
浙江	923.8	12.7	5.4	415.1	15.9	6.7	508.7	10.2	4.6
宁波	185.5	12.6	1.1	96.8	12.3	1.6	88.7	13.0	0.8
福建	463.1	20.3	2.7	157.2	17.5	2.5	305.9	21.9	2.8
厦门	111.8	20.3	0.7	48.1	16.0	0.8	63.7	23.8	0.6
山东	1101.4	13.8	6.4	370.5	16.6	6.0	731.0	12.4	6.6
青岛	178.8	11.6	1.0	75.1	15.7	1.2	103.7	8.8	0.9
广东	1434.2	11.1	8.3	487.4	16.9	7.9	946.8	8.3	8.6
深圳	468.8	16.8	2.7	172.8	11.8	2.8	296.0	20.0	2.7
海南	72.6	20.5	0.4	31.7	26.0	0.5	40.9	16.5	0.4
三、中部地区	3873.3	9.8	22.5	1253.5	19.6	20.2	2619.8	5.7	23.8
山西	412.4	7.2	2.4	144.5	13.1	2.3	267.8	4.3	2.4
吉林	263.8	13.4	1.5	91.1	16.6	1.5	172.7	11.8	1.6
黑龙江	384.3	11.7	2.2	113.6	14.5	1.8	270.7	10.5	2.5
安徽	482.9	6.5	2.8	203.8	20.6	3.3	279.1	-1.9	2.5
江西	317.8	17.0	1.9	116.2	19.2	1.9	201.6	15.7	1.8
河南	916.4	9.0	5.3	238.8	22.0	3.8	677.5	5.0	6.2
湖北	587.4	10.1	3.4	169.3	25.2	2.7	418.0	4.9	3.8
湖南	508.4	9.3	3.0	176.0	21.4	2.8	332.4	3.8	3.0
四、西部地区	3319.5	13.6	19.3	1287.8	18.4	20.7	2031.6	10.8	18.5
重庆	358.1	8.2	2.1	112.5	18.2	1.8	245.6	4.2	2.2
四川	914.6	11.7	5.3	315.1	16.1	5.1	599.5	9.6	5.5
贵州	181.7	21.0	1.1	89.0	26.5	1.4	92.7	16.1	0.8
云南	320.7	18.2	1.9	151.8	22.8	2.4	168.9	14.3	1.5
西藏	11.4	19.9	0.1	8.0	22.2	0.1	3.5	14.9	0.0
陕西	417.4	14.3	2.4	137.1	18.4	2.2	280.3	12.3	2.6
甘肃	180.2	13.5	1.1	68.3	22.2	1.1	111.8	8.7	1.0
青海	39.0	20.4	0.2	19.5	20.8	0.3	19.5	20.0	0.2
宁夏	72.7	16.0	0.4	31.4	18.6	0.5	41.3	14.1	0.4
新疆	273.5	16.1	1.6	113.2	20.9	1.8	160.2	13.0	1.5
内蒙古	274.7	10.9	1.6	129.7	8.3	2.1	145.0	13.3	1.3
广西	275.5	15.6	1.6	112.2	21.6	1.8	163.3	11.9	1.5

表5　2013年保险行业资产负债表

单位：亿元

资产	年初余额	期末余额	负债和所有者权益（或股东权益）	年初余额	期末余额
资产：			负债：		
货币资金	4 001.6	2 641.0	短期借款	12.0	55.5
拆出资金	0.0	0.7	存入保证金	38.9	82.4
交易性金融资产	1 575.0	1 634.0	拆入资金	0.0	25.0
衍生金融资产	1.6	0.3	交易性金融负债	0.7	0.7
买入返售金融资产	159.3	838.2	衍生金融负债	0.0	0.1
应收利息	1 151.0	1 224.7	卖出回购金融资产款	5 055.7	3 650.5
应收保费	487.7	580.0	应付手续费及佣金	154.8	176.5
应收资产管理费	4.9	12.1	应付营销费用（养老）	0.0	0.0
应收管理费（养老）	3.0	3.3	预收保费	371.8	492.7
应收代位追偿款	48.3	41.5	应付职工薪酬	285.4	325.9
应收分保账款	607.1	764.3	应缴税费	134.5	139.9
应收分保未到期责任准备金	305.5	393.0	保险保障基金	23.7	29.4
应收分保未决赔款准备金	431.9	562.8	应付赔付款	724.2	951.9
应收分保寿险责任准备金	179.4	347.0	其他应付款	395.1	487.0
应收分保长期健康险责任准备金	82.7	94.7	应付保单红利	1 053.1	1 268.2
保户质押贷款	835.3	1 335.1	应付分保账款	656.8	910.4
贷款	2 371.0	5 526.5	未到期责任准备金	2 850.4	3 325.5
存出保证金	134.5	230.0	未决赔款准备金	2 606.8	3 035.3
定期存款	18 474.5	18 823.0	其中：已发生未报告未决赔款准备金	666.0	764.2
可供出售金融资产	16 788.5	17 889.7	寿险责任准备金	38 914.2	44 428.1
持有至到期投资	18 926.8	21 203.4	长期健康险责任准备金	1 577.9	1 869.9
长期股权投资	2 159.6	3 989.8	保户储金及投资款	7 505.2	9 591.5
存出资本保证金	841.2	926.1	长期借款	45.9	52.2
投资性房地产	378.0	732.4	应付债券	1 964.1	2 301.8
固定资产	697.4	769.1	卫星发射保险基金	1.8	1.8
无形资产	294.6	272.4	独立账户负债	853.4	823.3
独立账户资产	853.4	823.3	递延所得税负债	117.0	119.2
递延所得税资产	181.3	212.0	系统往来（贷项）	63.4	54.6
系统内往来（借项）	55.0	61.8	内部往来（贷项）	33.4	65.2
内部往来（借项）	34.0	64.4	其他负债	142.4	186.5
其他资产	1 412.3	1 042.2	负债合计	65 582.7	74 450.9
			所有者权益（或股东权益）：	0.0	0.0
			实收资本（或股本）	3 419.8	3 721.0
			资本公积	2 614.9	2 313.0
			减：库存股	0.0	0.0
			盈余公积	149.8	174.1
			一般风险准备	61.9	81.0
			未分配利润	742.1	1 333.1
			外币报表折算差额	-0.7	-0.8
			少数股东权益	906.1	966.7
			所有者权益合计	7 893.9	8 588.0
资产总计	73 476.5	83 038.9	负债和所有者权益总计	73 476.5	83 038.9

ANNUAL REPORT OF CHINA INSURANCE MARKET 2014

2014 中 国 保 险 市 场 年 报

Insurance Industrial Core Values

- Trustworthiness
- Risk-bearing
- Quality service
- Compliance

Insurance Regulatory Core Values

- Regulation for the people
- Governing by law
- Scientific prudential regulation
- Practical and efficient work

Message from the Chairman of the CIRC

In 2013, risk mitigation, market order and market-oriented reform and innovation were the three priorities of the Chinese insurance industry. Under the guidance of the Central Party Committee and the State Council and with a proper understanding of the relationship among reform, development and stability, the insurance industry made steady progress in these three areas by emphasizing service quality, strong regulation, risk prevention and development. Insurance business in 2013 saw fast growth, better risk control and higher service standards, benefiting the economic development and social progress. Market innovations and regulatory reforms have been reciprocally facilitating.

Steady Growth of Insurance Business

The insurance industry in China in 2013 maintained a good momentum of steady growth and witnessed enhancement of overall strength. The premium income for the whole year registered RMB 1.72 trillion[①], up by 11.2% year on year (YoY), which was 3.2 percentage points higher than 2012, ending the slowdown of growth. Non-life business continued fast growth, contributing RMB 621.23 billion to the total premium(+16.5% YoY). Life insurance growth picked up, registering RMB 1.1 trillion in premium income (+ 8.4% YoY). China's insurance market ranked No.4 in the world in 2013 in terms of premium. The insurance assets totaled RMB 8.3 trillion, up by 12.7% compared to the beginning of the year. The net assets were RMB 858.8 billion, up by 8.8% since the year started. Total profits increased by 129.5% YoY, amounting to RMB 101.06 billion. The international influence of China's insurance industry continued to expand. Ping An Insurance (Group) of China was identified as one of the Global Systemically Important Insurers (G-SIIs) by the Financial Stability Board (FSB).

Market-Oriented Reform Advanced on All Fronts

In 2013, the CIRC launched the reform of pricing mechanism for life insurance, lifting the 2.5% interest rate ceiling for ordinary life insurance products. At the same time, the valuation rate for assessing reserves were specified to strengthen reserving and solvency. This reform made it possible for life insurance companies to increase the competitiveness of the protection products while controlling risks. Reforms were also promoted in asset management to streamline administrative approval by changing the requirement of filing for investment plans in infrastructure projects to registration. Along with that, insurance companies were required to obtain licenses from CIRC corresponding to their investment capability. Another reform was conducted in the market entry and

① Unless otherwise specified, the data in this annual report are the audited year-end statistic data after the implementation of interpretation No.2 of the Accounting Standards for Business Enterprise.

exit mechanism. In terms of market entry, licenses were categorized according to business scope. Ownership percentage for a single shareholder was moderately relaxed. A committee was established within the CIRC to discuss and approve the establishment of Chinese insurance entities. In terms of market exit, *Measures on Acquisition and Merger of Insurance Companies* were issued and the market exit and resolution mechanism was further improved. Sales system reform was continued in 2013. *Measures on the Supervision of Insurance Sales Representatives* were promulgated, providing for standardized qualification requirements and code of conduct for insurance sales people. All these reforms have borne fruit. Life premium income in the 5 months since August when the pricing reform was launched increased 520% compared to the same period in 2012, setting a new growth record in 13 years. Insurance fund investment performance was also improved with more investment channels and better portfolio structure. The total investment return in 2013 was RMB 365.83 billion, yielding 5.04%, which was 1.65 percentage points higher than 2012, hitting a 4-year high.

Market Risks were Effectively Prevented

Risk prevention and mitigation were the priorities of insurance regulation in 2013. Great efforts were made to improve risk monitoring, early warning and resolution. Contingency plans were made to deal with intensive payouts and unexpected surrender. Insurance companies' responsibilities were emphasized and great attention was paid to key geographic areas and entities. Risk control in asset management was a priority as a response to the new opening policies of investment channels. Credit risk management and asset-liability matching were stepped up. Insurance institutions were required to designate a person accountable for investment risks. Inspections were carried out to identify improper equity incentives, pyramid schemes, illegal fundraising and illegal sales of financial wealth management products so as to eliminate relevant risks in the bud.

Regulation was Beefed Up

In 2013, efforts were make in order to achieve both long-term goals and short-term effects. Regulatory system update had been advancing and the environment for insurance development kept on improving. The overall framework design for China Risk Oriented Solvency System (C-ROSS) was completed and the design of specific technical standards started . Equivalence assessment on solvency regulation with EU made important progress. CIRC also expanded its participation in international standard setting such as the Common Framework of IAIS. In order to enhance insurance companies' capital base and capacity to deal with risks, CIRC allowed insurance groups to issue subordinate debt as a supplement to capital. Capital increase for the whole year totaled RMB 59.26 billion, RMB 25.95 billion of which were raised through subordinate debt. The CIRC also carried out extensive discussions and consultations with other government agencies to obtain support for agricultural insurance, liability insurance, pension and health insurance, which bore great significance to the society and people's livelihood. July 8 became the National Insurance Publicity Day, on which campaigns were carried out to enhance public awareness of insurance. In these campaigns, all kinds of media such as newspapers and micro-blogs were used to promote the role and importance of insurance. For example, a campaign promoting the slogan of "Insurance Makes Life Better" worked very effectively in creating a positive image of insurance and a better environment for the development of this industry.

Market Order was Further Improved

At the beginning of 2013, there were signs of irrational competition back on rise. As a response, extensive inspections were carried out to crack down upon illegal practices and irregular behaviors. The key targets were insurance entities and car dealers working as third party insurance agents. Both comprehensive and specified inspections were conducted to check on corporate governance, internal control, data authenticity, reserve management and shareholder behavior. 2,493 teams visited 2,511 insurance institutions including 19 head offices. 639 institutions and 820 people received sanctions. 20 senior management personnel were replaced. Fines on institutions and individuals amounted to RMB 55.6 million and RMB 10.04 million respectively. 7 cases of commercial bribery were processed. In order to establish a long-term mechanism to prevent irregularities, measures were taken to standardize widely-used tele-marketing and bancassurance sales behavior. Sanctions were made both on the institutions and on individuals accountable. More than 3,000 irregularity records were added to the Database of Insurance Institutions and Senior Management and shared by insurance regulators at different levels.

Consumer Interest was Better Protected

In 2013, the CIRC paid great attention to the concerns of insurance consumers and tried to enhance the services of the industry through market conduct campaigns and rules upgrade. In terms of life insurance business, the CIRC required that customers' information be real and that the assessments be carried out and updated to reflect the effects of anti-misselling campaigns. An index system was established based on customer comments on the claim settlement service of car insurance. Up-to-standard settlement was encouraged and backlogs of settlement cases were processed after a themed inspection. The CIRC also made *Measures on Customer Complaint Handling* and improved performance assessment for complaint processing. The CIRC made sure that customers had the channels to file their complaints and the number of complaints was publicized to encourage insurance institution to pay greater attention to this issue. In 2013, 21,000 complaints were processed. The complaint hotline "12378" received about 170,000 calls and 98% of those who called expressed satisfaction. The mechanism of consumer interest protection was improved. Dispute mediation institutions increased by 107, closing 26,000 cases that involved RMB 840 million. Insurance disputes were encouraged to go through mediation and about 20,000 cases were settled this way. Consumer education was also promoted extensively for customers to have a deeper understanding of insurance products.

Insurance Industry Played a Bigger Role in Economic Development and Social Progress

The year 2013 saw agriculture insurance premium income increase by 27.4%, amounting to RMB 30.66 billion. 31.77 million farmers received RMB 20.86 billion of compensation, which was 41% more than 2012. 42% of crop farmland, that is about 1 billion mu, was covered by agriculture insurance amounting to more than RMB 1 trillion. Liability insurance premium registered RMB 21.66 billion, providing risk protection totaling RMB 48.6 trillion. Export credit insurance premium was RMB 15.52 billion, providing 45,000 enterprises with protection amounting to RMB 2.86 trillion, contributing to the stabilization of export. Major illness insurance was promoted in 144 districts of 25 provinces, covering 360 million people. The insurance industry also made positive contribution to disaster relief in 2013 by speedy settlement and participation in the rescue work. For example, in the Heilongjiang Flood, 48 million mu of crops were affected. 509,000 farmers received an average of RMB 5,331 in compensation, totaling RMB 2.72 billion. The highest amount paid was RMB 3.52 million. In Typhoon Fitow, the insurance industry paid out RMB 5.28 billion. The insurance industry also played a positive role after the typhoon and storms in Guangdong Province, the earthquake in Lushan and the fire in Shangri-La.

These great achievements of insurance development and regulation made against difficulties owe credit to the correct guidance of the Central Party Committee and the State Council, the support of the public and the hard work of the whole industry. On behalf of the CIRC, I would like to express my cordial appreciation to all the people in this industry and my sincere gratitude to all that have shown their support to the reform and development of China's insurance industry.

2014 is the first year of China's comprehensive deepening of reforms and a critical year for the advancement of insurance regulation modernization. The insurance industry and the regulatory authority will continue to implement the spirit of the 18th CPC National Congress, the 2nd and 3rd Plenum of the 18th CPC Central Committee and the Central Economic Working Conference, and the speeches of Party Secretary General Xi Jinping by insisting the principle of seeking progress while maintaining stability, and pursuing reform and innovation in all aspects of insurance regulation and industry. The CIRC will keep upgrading the insurance industry and regulation to help the industry perform a greater role in economic growth and social progress, and to make greater contribution to the drive for a moderately prosperous society and the China Dream of rejuvenation.

Xiang Junbo

Chairman, China Insurance Regulatory Commission

July,15, 2014

02

Social Progress and Economic Development

- Economy Maintained Stable Growth, Laying a Solid Foundation for the Development of the Insurance Industry
- Robust Growth was Realized in Social Undertakings, Providing the Insurance Industry with Broader Room for Development
- The Financial System Ran Steadily with Further Improved Capacities in Serving the Economy and Society

In the face of the struggling recovery of global economy and the complex situation of economic downward pressure, natural catastrophes and multiple contradictions at home in 2013, the Chinese people, under the correct leadership of the CPC Central Committee and the State Council, addressed the challenges and continued to forge ahead, fulfilling the anticipated full-year goal of the economic and social development of 2013. Remarkable significant achievements have been made in reform and opening up and socialist modernization.

Economy Maintained Stable Growth, Laying a Solid Foundation for the Development of the Insurance Industry

In 2013, the Chinese Government adhered to the principle of making progress while maintaining stability, balanced the plan of steady growth, structural adjustment, and promoting reform, persisted in stable macroeconomic policies, flexible microeconomic policies, underpinning the protection goal of social policies, innovated the strategy and measures of macro-control and adopted a series of measures with current and long run benefit. As a result, the national economy ran smoothly and further advances were achieved, laying a solid foundation for the development of the insurance industry.

Stable Development of Economy

In 2013, in the face of a complex external economic environment, China continued to implement the proactive fiscal policies and prudent monetary policies, maintained consistency and stability of the policies, and persisted in making the policies more targeted, flexible and forward-looking. The national economy continued stable development, boasting a GDP of RMB 56.9 trillion (+7.7% YoY).The full-year fiscal revenue amounted to RMB 12.9 trillion (+10.1% YoY), including RMB 11 trillion of tax revenue (+9.8% YoY). The state foreign exchange reserve reached USD 3.8 trillion, up by USD 509.7 billion from the end of 2012.

Further Enhanced Status of Agriculture as Foundation of Economy

In 2013, according to the target of insuring food supply, increasing rural income and improving livelihood, reform and innovation to enhance rural vitality, the government continued to enhance rural reform, policy support and technology support, in order to further release and develop the rural social productive forces. The No. 1 document of the Central Committee outlined the deployment to speed up agriculture modernization, including establishing the safeguard mechanism of supply of important agricultural products, sound agricultural support and protection system, innovation in agricultural production and operation mechanism, new agricultural social service mechanism, etc. In 2013, agriculture and rural areas continued robust development while keeping stability. The grain output reached an all-time high, the income gap between urban and rural residents continued to shrink, rural reform deepened, the livelihood of rural residents was further improved, and the rural society were stable and harmonious. The total grain output reached 601.94 million ton, up by 12.36 million ton (+2.1% YoY) from 2012, realizing ten consecutive years of growth. The achievement of the agriculture and rural area provided important support to promote steady and rapid economic development and social harmony and stability, laid a solid foundation for building moderately prosperous society, and provided a powerful guarantee for pushing forward urbanization.

Progress Made in Economic Restructuring

In 2013, attention was paid to adjust the economic structure and improve the quality and efficiency of development. To address the structural problems hindering development, market measures and differentiation policies were taken to achieve steady growth while optimizing the structure, to promote the innovation driven transformation, and to update quality and efficiency. The industrial, regional and urban and rural economic structures all got improved. The value added of service industry account to 46.1% in 2013, surpassing the secondary industry for the first time, with the proportion of hi-tech manufacturing further increasing. Measures were taken to resolve the contradiction of severe overcapacity of some industries, and progress was made towards saving energy and reducing emission. The energy consumption intensity was reduced by 3.7%, the emission of sulfur dioxide and chemical oxygen demand (cod) declined 3.5% and 2.9% respectively. The regional investment structure was further improved. The fixed-asset investment in the central, western and northeastern regions were 4.3%, 4.9% and 0.5% higher YoY than that of the eastern region. The infrastructure projects continued to progress in municipal infrastructure construction like underground pipe network and oil gas and electricity distribution network. Non-fossil energy generating capacity accounted to 22.3% of the total capacity. Progress was made in the construction of civil aviation, water transport, information, and postal network. The reform of the science and technology system was deepened with knowledge, technology innovation and other projects. Major breakthrough was made in key technology such as supercomputing, intelligent robot, super hybrid rice. The Shenzhou-10 manned spacecraft successfully docked with the orbiting Tiangong-1 space module for the first time; the Chang' e 3 Rover landed and explored on the extraterrestrial objects for the first time; the manned deep-sea submersible Jiaolong realized scientific application from deep diving experiment.

Continued Deepening of Reform and Opening-up

In 2013, China saw further deepening of reform and opening-up. Market vitality and the endogenous power were stimulated. The Third Plenary Session of the 18th CPC Central Committee, held in November, made the deployment of comprehensively deepening reforms. The government speeded up in shifting its role and simplifying administrative procedures; implemented institutional reform of the State Council and cancelled or delegated 416 administrative approval items; revised the government approved investment project catalogue and promoted reform on the industrial and commercial registration system. Pilot projects on the National Equity Exchange for SMEs were conducted nationwide. The China (Shanghai) Pilot Free Trade Zone was set up to explore the administration mode of pre-entry national treatment and negative list. Progress was made in opening-up, with export increasing by 7.9%, import increasing by 7.3% and trade surplus of USD 259.2 billion. The blueprint of Silk Road Economic Zone and 21st century Maritime Silk Road was put forward. Efforts were made to set up the upgrade version of China - ASEAN Free Trade Area. China successfully dealt with serious trade friction such as the photovoltaic "anti-dumping and anti-subsidy" case. High speed rail and nuclear power technical equipments were exported to other nations. Overseas investment increased sharply, and nearly 100 million people travelled abroad.

Robust Growth was Realized in Social Undertakings, Providing the Insurance Industry with Broader Room for Development

In 2013, the government considered people's livelihood as the intent and objective of all work, paid high attention to institutional construction, secured the bottom line of people's livelihood, and pushed forward the social undertakings, which provided the insurance industry with broader room for development.

Continuous Improvement of Living Standards

In 2013, household income in China kept increasing. The per capita net income of rural residents and the per capita disposable income of urban residents reached RMB 8,896 (+9.3% YoY) and RMB 26,955 (+7% YoY) respectively. Household consumption continued to grow. In 2013, the Engel coefficient of rural and urban residents were 37.7% (-1.6% YoY) and 35% (-1.2% YoY). In the commercial retail sales categories, the sales volume of the popular items, such as jewelry, furniture and communication equipment, all realized an increase over 20%, and the increase of the automobile sales was 3.1% faster than that of 2012. By the end of 2013, the number of civil cars had reached 71.26 million (+19% YoY).

Strengthened Efforts in Safeguarding and Improving People's Livelihood

In 2013, China's employment continued to grow, with 13.1 billion new jobs created in urban areas. As of the end of 2013, the registered unemployment rate in urban area was 4.05%, a little lower than that of 2012 (4.09%). 6.66 million replacement housing units commenced construction and 5.44 million units were completed. Education, science and technology, and culture undertakings continued to develop, with 611,000 graduate students and 6,998 thousand college students enrolling at higher education institutions. The expenditure on research and development grew 15.6% and the value added of culture industry grew over 15%. Progress was made in improving fitness of the general public, with the 12th National Games held successfully. The fiscal expenditure structure was further optimized. Nationwide public expenditure amounted to RMB 13.97 trillion (+10.9% YoY), with the expenditure in education, medical care, social security and employment up by 3%, 13.3% and 14.6% respectively.

Remarkable Achievements Obtained in the Construction of Social Security System

The social security level continued to increase. By the end of 2013, the number of urban employees covered by basic pension insurance, basic medical insurance, unemployment insurance, work-related injury insurance and maternity insurance increased by 17.85 million, 36.8 million,11.92 million, 8.87 million and 9.68 million respectively. The basic medical insurance achieved full coverage in general, and the subsidy for urban and rural resident basic medical insurance rose to RMB 280 per person. The basic drug system covered over 80% of village clinics. Pilot projects on major illness insurance were conducted in 28 provinces. According to rural poverty standard, the number of rural poverty population decreased by 16.5 million. The urban and rural standard of minimum living guarantee was up by 13.1% and 17.7% respectively. The basic pension benefit for enterprise retiree was 10% up.

The Financial System Ran Steadily with Further Improved Capacities in Serving the Economy and Society

In 2013, China's financial markets continued healthy development, with policies on reform and development steadily implemented. Financial markets played a bigger role in driving economic transition and structural adjustment.

Intensified and Improved Financial Regulation Greatly Promoted Steady and Relatively Fast Economic Development

Following the deployment of the State Council and the principle of making progress while maintaining stability, the People's Bank of China (PBC) continued to implement prudent monetary policies, innovated the strategy and measures of macro control, and conducted timely and appropriate pre-adjusting and fine tuning without easing or tightening up the monetary policies. The coordination of credit policies and industry policies was strengthened to guide financial institutions to support the vulnerable point and key sectors like agriculture, farmers and rural area and small and micro business. Progress was made in interest rate liberalization, with financial institutions' loan interest rate comprehensively liberalized and the centralized bidding and releasing mechanism of base loan rate brought into effect. The RMB exchange rate formation mechanism was further improved. In general, the prudent monetary policies achieved great result. M2 supply grew 13.6% YoY at the end of 2013. The RMB loan balance was up by 14.1%, with RMB 8.89 trillion of new loans raised, up by RMB 687.9 billion YoY. The total social financing was RMB 17.29 trillion, RMB 1.53 trillion higher than that of 2012. The deposit and loan rate of financial institutions maintained stable, and the weighted average loan rate from non-financial enterprises and other sectors was 7.2% in December. At the end of 2013, the RMB exchange rate against the USD was 6.0969.

The Banking Industry Ran Steadily with Overall Stable Capital Adequate Ratio and Asset Quality

In 2013, commercial banks continued to run steadily, with steady growth of the balance sheet and overall stable capital adequate ratio and asset quality. By the end of 2013, banking institutions had registered total assets of RMB 151.35 trillion (+13.27% YoY) and total liabilities of RMB 141.18 trillion (+12.99% YoY). The commercial banks realized net profit of RMB 1.42 trillion (+14.5% YoY) and the average rate of return on assets was 1.27%. The weighted average capital adequacy ratio of commercial banks was 12.19%, down by 0.29% YoY. The balance of non-performing loans totaled RMB 592.1 billion, with RMB 99.3 billion more than the end of last year, and the non-performing loan ratio was 1%, up by 0.05% YoY.

Capital Market Developed Steadily and the Multi-layer Market System Improved Further

China's capital market maintained the momentum of steady operation in 2013. China Securities Regulatory Commission (CSRC) strengthened industry regulation, officially launched the IPO reform, continued to advance the construction of a multi-layer capital market, further improved the protection of the rights of medium and small investors in capital market, and steadily pushed forward the innovation and reform of capital market. In 2013, listed companies raised RMB 688.5 billion from domestic markets, RMB 104.4 billion more than that of 2012. At the end of 2013, Shanghai Composite Index and Shenzhen Composite Index closed at 2,116 points and 1,058 points, fell by 6.8% and rose by 20% respectively; the index of growth enterprise market closed at 1,304 points with a rise of 82.7% YoY.

Insurance Market Recovered Steadily with Further Improved Overall Capacity

In 2013, faced with complicated and difficult situation, China's insurance industry showed a momentum of steady and robust growth, with business steadily recovered, overall capacity further improved, operational risks effectively prevented and the capacity to serve the economy and society strengthened. The market-oriented reform was proactively promoted with the pricing mechanism of life insurance launched, market reform of asset management pushed forward and reform of market entry/exit mechanism deepened. The China Risk Oriented Solvency System was comprehensively promoted and the overall framework design was completed. Measures were taken to effectively protect the interest of insurance consumers. The insurance industry was generally solvent with 99% insurance companies fulfilling the solvency requirement. The insurance industry realized premium income of RMB 1.72 trillion (+11.2% YoY), and total assets of RMB 8.29 trillion, up by 12.7% from the beginning of 2013.

photos by staff of the insurance industry

03

Insurance Industry's Contribution to Economic and Social Development

- Insurance Industry Supported the Old-age Security System
- Steadily Advanced Major Illness Insurance
- Agriculture Insurance Played a Bigger Role
- Insurance Industry Supported Economic Restructuring
- Insurance Industry Gradually Intensified Support to National Economic and Social Development
- In-depth Development of Liability Insurance Supported Innovation in Social Management
- Insurance Industry Supported Disaster Relief and Post-disaster Reconstruction
- Insurance Industry Actively Fulfilled Social Responsibility

Insurance Industry Supported the Old-age Security System

In September 2013, the first phase of the Union Life Wuhan Aging Care Community was completed and put into trial operation. On September 30, Mr. Xiang Junbo, Chairman of CIRC, visited the community.

In statutory pension, commercial insurance can provide administrative services to the statutory pension projects, making full use of its advantage in actuarial expertise, risk control, asset management and service network. By the end of 2013, insurance industry undertook administrative management of the new rural pension insurance for 1.1 million residents in seven cities (districts) including Jingyang District in Deyang City, Sichuan Province and Yixing City of Jiangsu Province.

In occupational pension, commercial insurance is an important player in enterprise annuity market. By the end of 2013, nine insurance companies were granted 18 licenses for enterprise annuity. Insurance industry provided trustee service to 43,000 enterprises and 8.32 million employees; the assets entrusted was RMB 250.1 billion or 71% of the whole enterprise pension trustee business; the balance of assets under management was RMB 278.9 billion, or 48% of the whole enterprise annuity asset management market. Insurance institutions have become major players in the enterprise annuity market.

In private pension, commercial insurance played the leading role by offering various pension insurance products, supplementing the statutory pension and improving the old-age security system. By the end of 2013, 70 institutions conducted annuity business with hundreds of annuity products available in the market. Since 2001, the annuity business kept relatively fast growth, with premium income growing from RMB 31.6 billion in 2001 to RMB 159.2 billion in 2013, recording an average annual growth rate of 13.2%.

In aging care, with insurance fund invested in aging care communities and aging care insurance products, the aging care service industry is connected both to financial services such as pension, health insurance, retirement financial planning, investment funds, and to medical care, geriatrics and daily care services for the aged, which combines the intangible insurance products with the tangible aging care services, materializes the insurance products, and better meets the demands of senior citizens for aging security. By the end of 2013, over 10 insurance institutions had invested or planned to invest in aging care communities.

Ping An Annuity Releases *Pension Reserve Index of Chinese Employees*

On September 26, 2013, Ping An Annuity, together with Chinese Academy of Social Sciences, released the *Pension Reserve Index of Chinese Employees* for the first time. The release of this index filled the blank in the research field, set the evaluation standards for the pension reserve of Chinese employees, and brought the public attention to the aging security issue of enterprise employees.

Steadily Advanced Major Illness Insurance

In 2013, the insurance industry fully implemented the *Guiding Opinions on Implementation of Major Illness Insurance for Urban and Rural Residents* and actively pushed forward related work with the support of other government agencies. As a result, the major illness insurance business had a good start and foresaw stable and fast development. Pilot projects on major illness insurance for urban and rural residents were conducted in 28 provinces and fully implemented in 8 provinces. Commercial insurance companies underwrote major illness insurance in 144 districts, covering 360 million rural and urban residents with premium income of RMB 7.5 billion. From the experience of the pilot districts, the major illness insurance was effectively connected with the basic medical insurance, which amplified the effect of the basic medical insurance fund, raised the protection level and relieved residents' medical burden. In the pilot areas, the reimbursement ratio of patients with major illness was over 70%, 10%-15% higher than that of basic medical insurance, which, to a certain extent, alleviated the problem of "poverty caused by major illness". Major illness insurance is a great innovation in our health care system, which raised the protection level and amplified the protection effect of basic medical insurance fund without taking one extra cent from the government or individuals. At the same time, the major illness insurance took urban and rural areas as a whole to set up a unified health care system, which will help to solve the problem of unfair allocation of medical resources between urban and rural residents due to the urban-rural dual system and to realize the goal of fair and equal basic medical insurance.

Integrated Administration of Major Illness Insurance and New Rural Cooperative Medical System in Henan Province

While promoting the major illness insurance, given that the administration of the new rural cooperative medical system had already been entrusted to commercial insurance companies in Zhengzhou, Luoyang and Xinxiang, Henan Province launched integrated administration of major illness insurance and new rural cooperative medical system and offered one-stop service in these three cities, which reduced settlement links and raised efficiency. Through the integrated administration, the patients could reimburse the medical bill when discharging from the hospital, which benefited the 13.82 million rural residents in the 48 counties in three cities.

Column 1 Main Modes of Insurance Companies Undertaking Major Illness Insurance

In 2013, the major illness insurance could be underwritten by a single insurance company or jointly underwritten by several insurance companies. In the jointly underwritten scenario, there are also two modes. In one mode, a district is divided into several operation zones, and the premium income of each zone is calculated by its population and one insurance company underwrites all the major illness insurance in that zone. This mode was adopted in Shandong and Qinghai. The other mode is a pooling system, where one insurance company insures the major illness insurance of the district as the lead underwriter and other insurance companies serve as co-insurers, and each company shares premium and liabilities according to agreement. This mode was adopted in Suzhou and Baotou.

Agriculture Insurance Played a Bigger Role

In 2013, agriculture insurance kept the momentum of fast development with remarkably increased coverage and constantly improving service quality. Agriculture insurance played a positive role in implementing the central government policy to strengthen agriculture and benefit farmers, preventing and mitigating agriculture production risks, stabilizing farmers' income, implementing national grain security strategy and improving social support and protection system in rural area.

Constantly Expanding Coverage

Four breakthroughs were achieved in agriculture insurance in 2013: the area of staple crops insured exceeded 1 billion mu to 1.11 billion mu; the amount insured exceeded RMB 1 trillion to RMB 1.39 trillion; the number of rural households insured exceeded 200 million to 210 million; the claim payment exceeded RMB 20 billion to RMB 20.86 billion. The coverage of three major grain crops, i.e. rice, corn and wheat, reached 64.9%, 67.3% and 61.8% respectively.

Increasingly Prominent Function and Role

The claim payment of agriculture insurance in 2013 reached RMB 20.86 billion (+46.7% YoY) and benefited 33.67 million rural households. During the severe high temperature and drought in south China, the claim payment from agriculture insurance was near RMB 2 billion. In the catastrophic flood in Heilongjiang Province, the claim payment was RMB 2.72 billion with RMB 5,336 for each household. In the Typhoon "Haiyan", the agriculture insurance made a record high claim payment of RMB 150 million for a single policy. Progress was made in pilot projects on agriculture product revenue insurance for vegetables and pigs, and risk protection expanded from traditional natural risks to including market risks. New technologies such as artificial weather intervention, GPS positioning and aerial photos by unmanned aerial vehicles were introduced into agriculture insurance. The cooperation between agriculture insurance and rural credit continued to deepen, which improved the risk resistance and repayment capacity of households.

Good Results in Pilot Vegetable Insurance in Guangdong

In 2013, the pilot subsidized vegetable insurance was carried out for scale plantations in Huizhou, Shaoguan and Zhanjiang in Guangdong Province. 46 enterprises purchased this product, which offered protection of RMB 130 million covering 57, 000 mu vegetable and paid claims of RMB 10.44 million.

The Largest Forest Insurance Program of China Launched in Inner Mongolia

In 2013, Inner Mongolia launched the first subsidized forest insurance. In the first year, the insurance realized coverage of 380 million mu and premium income of RMB 640 million, which became the largest forest insurance program in China with both indicators ranked the first in China.

Wind Index Mariculture Insurance in Dalian

In August, 2013, PICC Dalian Branch developed the "wind index mariculture insurance" with the attributes of both fishery insurance and index insurance, which offered protection on scallop, abalone and sea cucumber and other precious sea food. By the end of February 2014, 16 storms over level 8 hit the farm insured and caused insurance compensation of RMB 23.18 million, with a loss compensation ratio over 90%.

Continuously Improving Service System

By the end of 2013, the number of insurance companies conducting agriculture insurance business had grown to 23 from 6 companies in 2007, and there were 23,000 town-level service stations, 280,000 village-level service shops and near 400,000 supporting staffs nationwide.

PICC Makes Effort to Cross the "Last Meter" in Serving Rural Residents

In order to reach every household in the rural area, to change the extensive practice of union insurance with villages and to fully implement the benefiting farming policy with insurance service, PICC developed the new operational mode of agriculture insurance with "serving each household in underwriting and claim settlement, disclosure of preferential policies supporting farming, underwriting and claim settlement condition, service standard and regulatory requirement. PICC disclosed the loss assessment and compensation condition to earn trust from rural residents, which effectively solved the key problem of promoting agriculture insurance in a scattered of pattern farming, set up a platform for rural households to enjoy the preferential policies, and improved the organization of rural service system.

Continuously Improving Policy Environment

The government established catastrophe reserve mechanism and adopted preferential tax policies for agriculture insurance including exemption of business tax and preferential income tax. As a result, insurance institutions became more willing to engage in agriculture insurance. Agriculture insurance had gradually become an important means for governments of all levels in the work of agriculture, farmers and rural area. Agriculture insurance was listed as an important component in the development planning of national price control, the development of west China, and the rise of central China strategies, the development of Xinjiang and Tibet region and the fishing, seed industries, and the "vegetable basket" project.

Ever Enhanced Regulatory System

The *Regulation of Agriculture Insurance* was in effect on March 1, 2013. In order to fully implement the *Regulation of Agriculture Insurance*, the CIRC released regulatory requirements on qualification for undertaking agriculture insurance and administration of pricing and policy clauses of agriculture insurance, to enhance the regulatory system of agriculture insurance and primarily set up the regulatory framework for agriculture insurance.

Insurance Industry Supported Economic Restructuring

In 2013, faced with severe and complicated domestic and global situation, the insurance industry played a bigger role in supporting and serving economic restructuring and transforming. The insurance industry helped to stabilize export and reduce the operational risks of foreign trade enterprises through export credit insurance, boosted consumption and effectively stimulated domestic demand through offering aging and medical care protection, helped small and micro enterprises finance and enhanced supporting the vulnerable points in economy.

The insurance industry promoted the technology insurance business and supported the optimization and upgrade of economy. Efforts were made to actively coordinate with relevant government agencies and local governments to promulgate preferential fiscal policies and tax incentives and supportive insurance regulations and rules, to support the pilot programs of technology insurance and to provide insurance services to technology enterprises.

The insurance industry strengthened research on the insurance demand in urbanization. Based on the research, new products, services and channels were explored. New products such as microinsurance, which supports the urbanization process and brings significant social benefit, were developed to enhance insurance protection of middle and low-income residents.

In 2013, the insurance industry further supported and served enterprises to "go abroad".The short-term export credit insurance realized a premium income of USD 1.17 billion, offered USD 314.76 billion of amount insured and supported financing for near 30,000 export enterprises.

"Insurance into Zhongguancun" by CIRC Beijing Branch

On April 26, 2013, Zhongguancun Administrative Committee, Beijing Municipal Bureau of Financial Work and the CIRC Beijing Branch jointly organized the campaign "Insurance into Zhongguancun". The campaign provided a platform for communication by insurance companies and high-tech companies, helping insurance companies to fully understand the potential and insurance demand of the Zhongguancun enterprises, to innovate products, improve services and enhance publicity targeted to the features of the enterprises in Zhongguancun, and to take full advantage of the Insurance Association and the insurance intermediaries. Through all these efforts, the insurance industry could play the role of risk management and financing, and serve the development of strategic emerging industry.

China Life Microinsurance Sets up Safety Net for Urban and Rural Low Income Residents and Serves Urbanization

From the end of 2012 to 2013, China Life provided microinsurance protection for families losing their single child in Nantong City, Jiangsu Province, for people with minimum living allowance in Fangshan District, Beijing, for migrant workers in Wenzhou City, Zhejiang Province, which helped these low-income people increase their living security level.

Column 2 CIRC Releases the *Guiding Opinion on Insurance Industry Supporting Economic Restructuring and Transformation*

In order to fully implement the *Guiding Opinion of the State Council on Financial Industry Supporting Economic Restructuring and Transformation*, the CIRC released the *Guiding Opinion on Insurance Industry Supporting Economic Restructuring and Transformation* (hereinafter referred to as the *Guiding Opinion*) in August 2013. The *Guiding Opinion* provided requirements to the insurance industry in ten aspects such as enhancing insurance support to key areas and vulnerable points in economy, serving small and micro enterprises and technology innovation, improving agriculture production protection system, innovating insurance asset management channels, optimizing external environment for economic transformation and upgrade, etc.. The release of the *Guiding Opinion* would promote insurance industry to further support and serve economic restructuring and transformation, and promote insurance industry to play a bigger role in modern financial system, social security system, agriculture protection system, disaster prevention and alleviation system and social management system.

In order to support the export of capital goods like high-tech, high value-added mechanical and electrical products and complete plants and overseas project contracts, to promote the transformation of foreign trade and optimize industrial structure, the government made great efforts to support the development of medium and long-term export credit insurance. In 2013, the medium and long-term export credit insurance realized a premium income of USD 880 million with amount insured of USD 18.15 billion, covering industries such as electric power, communication, shipping, rail transit, metallurgy and so on.

To resist risks of overseas terrorist attacks, social turmoil and force majeure and protect the security of life and property of the staff who "go abroad", the insurance industry developed customized products such as overseas personnel accident insurance and employer's liability insurance to meet the need of different groups. Protected by these insurance products, the staff working overseas can enjoy a safe life and work environment.

CPIC Supports Development of China's Diplomacy

On November 7, 2013, CPIC solely covered the three-year property and public liability insurance of the 262 embassies and consulates of the Ministry of Foreign Affairs with the amount insured over RMB 30 billion. The picture shows Deputy Foreign Minister Song Tao (the fifth from the left) attending the signing ceremony of the property and public liability insurance contract.

Column 3 CIRC Supports China (Shanghai) Pilot Free Trade Zone

In September 2013, the CIRC responded to the proposals from CIRC Shanghai branch to support the China (Shanghai) Pilot Free Trade Zone (hereinafter referred to as FTZ). The CIRC would support the following eight aspects: pilot foreign-invested specialist health insurance institutions, establishing branches of insurance companies in the FTZ, cross-border RMB reinsurance business, exploring catastrophe insurance mechanism in Shanghai, overseas investment pilot program by insurance institutions in the FTZ, research on enlarging overseas investment categories and proportions by insurance institutions in the FTZ, promoting shipping insurance in Shanghai, and improving Shanghai insurance market system.

Insurance Industry Gradually Intensified Support to National Economic and Social Development

Taikang Asset Management Invests in West-East Gas Pipeline

On June 26, 2013, China Petroleum Pipeline Strategic Cooperation Agreement was signed in Beijing. Taikang Asset Management and Generali China set up an equity investment plan and invested RMB 36 billion, to establish the PetroChina Pipeline Joint Corporation with PetroChina and GTJI Allianz Fund, of which Taikang held 30% share. This is another case of private capital investing in national key projects after the State Council released the "New 36 Guiding Opinions"(on Encouraging and Guiding the Healthy Development of Private Capital).

In 2013, in the context of risk control, the insurance industry effectively exercised the function of financing and remarkably enhanced the capabilities to support national economic and social development. With more insurance fund invested in new urbanization, infrastructure, replacement housing, shantytowns renovation, energy and transportation, aging care and health and other key areas, the insurance industry supported the economic transformation and real economy.

By the end of 2013, 12 asset management institutions had set up 184 debt investment plans in infrastructure and real estate, with registered (filed) volume of RMB 581.86 billion. Among these 184 plans, 90 were registered (filed) in 2013, with a volume of RMB 287.76 billion, which equaled the sum of plans in the previous seven years in both number and volume. The issuance registration reform had achieved remarkable results. The plans were mainly focused on major infrastructure projects of transportation, real estate, energy and municipal engineering, and projects concerning people's livelihood such as public rental housing and shantytowns renovation.

In 2013, the insurance industry kept innovating investment tools to better serve the development of real economy. On one hand, the pilot project on the equity/debt combination innovation was conducted to provide financing to the real economy and meet differentiated financing demands. On the other hand, the pilot project on asset-backed plans further enriched the variety and structure of the products of insurance asset management companies.

First Urbanization Investment Plan in Insurance Industry by Taiping Asset Management

On January 7, 2013, the debt investment plan of Suzhou industrial park urbanization project by Taiping Asset Management was launched.

In-depth Development of Liability Insurance Supported Innovation in Social Management

In 2013, the insurance industry energetically advanced the development of liability insurance, innovation in social management, and helped the government with risk management in medical care, ecological environment, food & drug safety, social orders and fire prevention. The liability insurance realized a premium income of RMB 21.7 billion (+18% YoY) and provided risk protection of RMB 48.6 trillion (+16.5% YoY) with the coverage and scale steadily increasing.

The CIRC strengthened cooperation with Ministry of Environment Protection, Ministry of Health and the Food and Drug Administration, jointly released rules and regulations to optimize regulatory environment and innovate social management, and carried out pilot projects on food safety liability insurance and environment pollution liability insurance. For instance, the "Wuxi Model" in Jiangsu Province started the environment pollution liability insurance featured with "prior risk control and focus on accident prevention", which covered 1,028 enterprises from 21 high-risk industries, helped the enterprises to check and identify 1,318 hidden risks, and played an important role in preventing environment pollution risks.

Medical Liability Insurance Serves as Firewall of Medical Disputes in Tianjin

In 2013, medical liability insurance amounting to RMB 110 million was provided to 81 medical institutions in Tianjin. 788 claims were settled and RMB 48.5 million were paid out. 84.5% of the disputes between patients and medical institutions where insurance was involved had been successfully settled through mediation. These settlements all saw timely payout.

Chang An Property & Liability Promotes Food Security Liability Insurance

In order to address food security risks, Chang An Property and Liability Insurance developed the food security liability insurance, which effectively protected food production and security, contributed to safety production and the protection of the legitimate rights of consumers and enterprises.

China Coal Insurance Promotes Coal Mine Safety Insurance

In 2013, the coal mine safety liability insurance of China Coal Insurance Company was well accepted by coal mine enterprises and realized a premium income of RMB 160 million, accounting for 93% market share in coal mine safety liability insurance in Shanxi Province.On the basis of traditional liability insurance, this insurance product added risk assessment, security management skills and consultation services into the clauses of insurance policies for the first time, and offered targeted value-added services, which were highly recognized by coal mine enterprises.

Insurance Industry Supported Disaster Relief and Post-disaster Reconstruction

In 2013, insurance industry actively responded to natural catastrophes with claim settlement services to help the victims of the catastrophes to restore normal life. The insurance industry provided risk protection totaling RMB 887.9 trillion (+60.2% YoY), and compensated RMB 620.61 billion

Insurance Industry Actively Responds to Typhoon "Fitow"

On October 7, 2013, Typhoon "Fitow" hit Ningbo, causing damages to 2.48 million people, 76,000 cars and over 30,000 enterprises in 11 counties and 148 villages with direct economic loss of RMB 33.4 billion. Facing the disaster, the insurance industry in Ningbo urgently mobilized the whole industry and devoted into claim settlement work. The insurance industry finished the assessment and claim settlement of over 50,000 cases in the first week after the disaster, and finished near 80% of all cases in the first month, and properly settled all 94,000 cases with claim payment over RMB 3.6 billion. Insurance industry played an important role in disaster relief and reconstruction, and effectively protected social harmony and stability.

(+32.2% YoY). Insurance industry played a positive role in disaster relief work in Lushan Earthquake, Heilongjiang Flood, Typhoon "Fitow" and Guangdong Typhoon and Storm. Especially, agriculture insurance paid RMB 2.72 billion to 509,000 farmers affected in Heilongjiang Flood, and insurance industry paid RMB 5.28 billion in Typhoon "Fitow".

Anbang Life Offers No-policy Claim Settlement in Earthquake Stricken Area

On April 20, 2013, a 7.0 magnitude earthquake hit Lushan County in Ya'an City, Sichuan Province. The Department of Claim Settlement of Anbang Life opened the claim settlement green channel and offered no-policy claim settlement services. Claim requirements in the quake stricken area were processed for priority.

Insurance Industry Actively Fulfilled Social Responsibility

In 2013, insurance industry proactively fulfilled its social responsibility, implemented environment protection concept through promoting office automatization and low-carbon operation and actively engaged in social charity and public undertaking, which fully represented the insurance spirit of "one for all, all for one".

China Post Insurance Takes Care of Left-behind Children to Pass on Positive Energy

In April 2013, China Post Insurance participated in the campaign "No Children Left Behind, Pass on Your Love", an activity organized by Jiangsu Women's Federation for the protection of millions of left-behind children in Jiangsu Province, and developed the "Four Season Care" comprehensive children accident insurance with low premium and high protection to offer insurance protection to the left-behind children.

"Student Loan Credit Insurance" Project Jointly Developed by Sinosafe and Agriculture Bank of China

On March 13, 2013, Sinosafe and ABC held the kick-off meeting of the "student loan credit insurance" project to offer insurance protection for student loan. From May 2006 to the end of 2013, Sinosafe had insured national student loan totaling RMB 3.94 billion, serving 780,000 students, and realized a premium income of RMB 370 million.

AIG Joined with Road Traffic Safety Association to Promote Education on Road Safety

In order to promote road safety, AIG launched the Road Safety Corporate Social Responsibility Initiatives On May 25, 2013. The initiatives would last seven months in Shanghai and Guangzhou, including two launching campaigns and campus activities in 10 schools. Hundreds of families and thousands of teachers and students participated in the activities.

photos by staff of the insurance industry

04

Insurance Regulation Produces Notable Results

- General Information
- Regulation on Corporate Governance
- Solvency Regulation
- Regulation on Market Conducts
- Insurance Legal System Construction
- International Cooperation and Exchanges
- Regulatory and Industrial Culture, Human Resources and Information System

General Information

Main Responsibilities

1. Formulating policies, strategies and plans regarding the development of the insurance industry, drafting relevant laws and regulations regarding insurance supervision and regulation, and making relevant rules for the insurance industry.
2. Examining and approving the establishment of insurance companies and their branches, insurance groups and insurance holding companies; approving the establishment of insurance asset management companies in conjunction with relevant authorities; examining and approving the establishment of representative offices by overseas insurance institutions within the territory of China; examining and approving the establishment of insurance intermediaries, such as agencies, brokerages, loss-adjusting companies and their branches; examining and approving the establishment of overseas insurance institutions by domestic insurance and non-insurance institutions; examining and approving the merger, split, alteration and dissolution of insurance institutions; deciding whether or not to take over an insurance company or designating an organization to take it over; organizing or participating in the bankruptcy and liquidation process of insurance companies.
3. Examining and confirming the qualifications of senior managerial personnel in all insurance-related institutions; establishing the basic qualification standards for insurance practitioners.
4. Examining and approving the clauses and premium rates of insurance types related to public interests, statutory insurance types and newly developed life insurance types; filing the insurance clauses and premium rates of other insurance types.
5. Supervising the solvency and market conduct of insurance companies in accordance with the law; managing the insurance security fund and monitoring the insurance guarantee deposits; formulating rules and regulations on insurance fund management on the basis of laws and relevant policies of the State, and supervising insurance fund management in accordance with the law.
6. Supervising business operation of policy-oriented insurance and statutory insurance; supervising organizational forms and operations, such as captive insurance and mutual insurance; conducting administration of associations and institutions of the insurance industry, such as the Insurance Association of China and the Insurance Institute of China .
7. Conducting investigations into the following irregularities and imposing penalties according to law: unfair competition and other irregularities by insurance institutions and practitioners, direct engagement or disguised engagement in the insurance business by non-insurance institutions.
8. Supervising overseas insurance institutions established by domestic insurance and non-insurance institutions in accordance with the law.
9. Laying down standards for the information system of the insurance industry; establishing insurance risk assessment, risk warning and risk monitoring systems; following, analyzing, monitoring and predicting the operation of the insurance market; compiling the statistics and report forms of the insurance industry and disclosing them in accordance with relevant regulations of the State.
10. Taking on other duties commissioned by the State Council.

photos by staff of the insurance industry

Organizational Structure of the CIRC

- Chairman
  - Vice Chairman
  - Secretary of Discipline
  - Vice Chairman
  - Vice Chairman
  - Vice Chairman
  - Assistant Chairman
    - General Office
    - Development and Reform Department
    - Policy Research Department
    - Finance and Accounting Department
    - Insurance Consumer Interests Protection Bureau
    - Property Insurance Regulatory Department
    - Life Insurance Regulatory Department
    - Insurance Intermediary Regulatory Department
    - Insurance Fund Management Regulatory Department
    - International Department
    - Legal Affairs Department
    - Statistics and IT Department
    - Inspection Bureau
    - Human Resources Department
    - Disciplinary Inspection Department
    - Party Committee of CIRC Head Office

Based on the authorized administrative functions, the 36 branches directly affiliated to the CIRC, as well as insurance regulatory sub-branches in Tangshan of Hebei Province, Suzhou of Jiangsu Province, Wenzhou of Zhejiang Province, Yantai of Shandong Province and Shantou of Guangdong Province, shall regulate the insurance markets within their respective jurisdictions, maintain the steady operation of local insurance markets and promote the sustainable and healthy development of the insurance industry in line with relevant laws, regulations, guidelines and policies of the State.

Regulation Objectives

- **Protect consumer rights and interests**
- **Prevent market risks**
- **Promote the sustainable and healthy development of the insurance industry**

Regulation on Corporate Governance

In 2013, the CIRC made extensive and thorough efforts to promote the reform of corporate governance, established a sound mechanism of on-site inspection for corporate governance, continued to strengthen the off-site supervisory work, reinforced risk resolution, and strengthened policy research, so as to improve the pertinence and effectiveness of corporate governance regulation. Work on corporate governance regulation achieved great results.

Constantly improve the corporate governance reporting system. The CIRC set up a special working group to conduct a comprehensive analysis on the corporate governance reports of 165 insurance companies, so as to produce a general report and 7 subject reports including *Analysis on the Situation of Independent Directors, Analysis on Remuneration* and the *Self-assessment Report on Governance*, for the purpose of fully understanding the governance status of the industry and providing the basis for conducting on-site inspections.

Launch the corporate governance on-site inspection. According to the results of governance assessment, classified supervision evaluation and the analysis of governance reports, CIRC carried out on-site inspection to comprehensively understand the general situation of institutional construction and its implementation at all levels including the shareholders' committee, the board of directors, management team, company mechanisms, and internal audit. After the completion of inspection, CIRC urged the inspected companies to make improvement plans on outstanding issues and proceed to rectify within a time limit so as to improve the governance structure and smooth operation.

Reinforce group wide supervision. CIRC reinforced group wide supervision by requiring regular information reporting and drafting the *Regulatory Measures on Non-insurance Subsidiaries* and the *Measures on Consolidated Regulation of Insurance Groups*. CIRC promoted innovative development of insurance groups, supported China Life Group to set up e-commerce company and China Pacific On-line of China Pacific Insurance Group to apply for third-party payment license. CIRC had actively participated in the rule-setting of the common framework for regulation of international actively insurance groups and the identification of Global Systemically Important Insurance Groups (G-SII). Ping An Insurance Group has become the first G-SII in China.

Column 4 China's Ping An Insurance Group Listed as Global Systemically Important Insurer

On July 19, 2013, Financial Stability Board (FSB), the key institution of global financial standard formulation and implementation, released the first-round list of 9 global systemically important insurers (G-SII). China's Ping An Insurance Group was the only one from developing countries and emerging insurance markets that got into the list. This is a significant initiative showing China's commitment in international financial governance and maintaining global financial stability, which also reflects the international community's recognition on China's economic and financial reforms and achievements, and the influence and status of China's insurance industry in the international market.

Solvency Regulation

In 2013, the CIRC adhered to the working principle of "improving services, strengthening regulation, preventing risks and promoting development", continuously strengthened solvency regulation and effectively guarded against industry risks.

System construction. CIRC promoted the design of China Risk Oriented Solvency System (hereinafter referred to as "C-ROSS") and promulgated *the Conceptual Framework of China Risk Oriented Solvency System,* completed the top-level design for the new solvency system and clarified the targets of the new system, established the framework of the "three-pillar system", outlined the blueprint for the new solvency system. CIRC had comprehensively carried out development of all technical standards of the "three pillars" and periodical research outcome had been achieved.

Reinforcing regulation. CIRC constantly intensified regulation and supervision. In 2013, CIRC issued 29 regulatory letters regarding solvency risks, including 1 warning of investment risks, 1 restriction on investment asset class,1 for ceasing new business , 2 orders to increase reserves, 7 orders to stop selling unapproved products, 8 for suspending new branch license, and 9 for urging corporate governance rectifications. For companies below the solvency standards and companies in category C and D, CIRC took regulatory measures such as prohibition on new business and new branches, ordering to increase capital, prohibition on purchasing large-scale fixed assets and delivering dividends to shareholders.

Improving supervision mechanism. The CIRC improved risk warning and identification mechanism to achieve early detection and resolution of risks. CIRC also strengthened the capital constraint mechanism and developed capital supplement channels including subordinated convertible bonds, subordinated insurance group debts and overseas financing to optimize capital supplement mechanism. In 2013, the solvency status of the insurance industry remained sufficient and stable in general. According to all companies' solvency reports, more than 98.6% of all the companies were kept above the solvency adequacy standards throughout the year, whose total asset share and market share were both over 99.7%, and the vast majority of the companies stayed at solvency level II (solvency adequacy ratio higher than 150%).

CIRC Hosts International Seminar on Solvency Regulation Reforms and Cooperation

On July 5, 2013, CIRC hosted the "International Seminar on Solvency Regulation Reforms and Cooperation" in Beijing. Senior insurance regulators in some emerging markets and representatives of the International Association of Insurance Supervisors (IAIS) attended the meeting. Mr. Xiang Junbo, Chairman of CIRC, delivered the keynote speech. He called for enhanced information exchange and cooperation on solvency regulation among emerging markets.

Regulation on Market Conducts

Reinforcement of On-site Inspection

In 2013, the CIRC strengthened on-site inspection and maintained a high pressure on incompliance. Focusing on issues of corporate governance and internal control, data authenticity, reserve management, shareholder behavior and internal audit, CIRC conducted special inspection and comprehensive inspection on targeted insurance companies and third-party agents of auto dealers. CIRC organized 18 branches (including 3 branches located in municipalities with independent planning status) to carry out special on-site inspection on independent accounting of the insurance companies operating major illness insurance business within their jurisdictions. In 2013, CIRC arranged 2,493 teams inspecting on 2,511 insurance institutions, and 19 at parent-company level. 639

institutions and 820 persons received 1,764 administrative sanctions, including replacement of 20 senior executives and fines of RMB 55.6 million yuan and RMB 10.04 million yuan on institutions and individuals respectively.

Discreet Mitigation of Case Risks

In 2013, the CIRC strengthened risk monitoring and resolution mechanism, investigated major cases, insisted on management accountability, guided and coordinated the insurance companies to hold 367 persons of 172 cases accountable. CIRC organized the whole industry to carry out special campaigns against auto insurance fraud and transferred 2,375 suspected auto insurance fraud cases to the public security organ involving amount of RMB 140 million yuan and retrieved economic loss of RMB 75.8 million yuan. CIRC actively cooperated with the People's Bank of China to implement anti-money laundering regulation, reviewed source of equity capital amounting to RMB 670 million yuan, checked anti-money laundering system of 4,531 newly established insurance intermediaries, insurance companies and their branches, conducted special inspection of anti-money laundering on 352 insurance branches, provided anti-money laundering training to more than 10,000 senior managers, promoted the insurance companies and their bank shareholders' efforts in strengthening customer identification and information sharing to help banking part-time agents better perform anti-money laundering obligations. CIRC also supported the State Council Office of Anti-Illegal Fund Raising Inter-ministerial Conference to crack down on illegal fund raising in the insurance sector. CIRC organized campaigns and educated more than 2.6 million people, which effectively enhanced the awareness and capacity of the public against illegal fund raising.

Insurance Legal System Construction

In 2013, the CIRC continued to engage in the construction of insurance legal system. CIRC further improved the insurance legal system with *the Insurance Law* as the core, insurance administrative rules and regulations as the backbone, and guidelines as the supplement, covering all aspects of the market participants' operation and insurance regulation, thus laying the institutional and legal foundation for the reform and development of the industry.

Assessment on the Implementation of Insurance Law

In June 2013, CIRC launched the assessment on the implementation of *the Insurance Law*. A systematic evaluation was carried out on a series of criteria such as rationality, coordination, feasibility, standardization and effectiveness, so that a good foundation can be set for the revision of *the Insurance Law*.

Improve the Regulatory Rules and Measures

In 2013, the CIRC promulgated and revised 10 regulatory rules:

◆ *The Regulatory Measures on Insurance Sales Personnel*
◆ *The Regulatory Measures on Practitioners of Insurance Brokers and Lose Adjusters*
◆ *The Administrative Rules of Insurance Statistics*
◆ *The Administrative Measures on Subordinated Term Debts of Insurance Companies*
◆ *The Regulations for Insurance Brokers*
◆ *The Regulations for Insurance Agents*
◆ *The Administrative Measures on Handling Insurance Consumers Complaints*
◆ *The Regulations for Insurance Lose Adjusters*
◆ *The Measures for Petition Management by China Insurance Regulatory Commission*
◆ *The Measures for Rule-making Procedures of China Insurance Regulatory Commission*

Strengthen the Management of Regulatory Documents

The CIRC issued *the Administrative Measures on Regulatory Rules Formulation of China Insurance Regulatory Commission* in December 2013, clarified the principles and requirements in the formulation of regulatory rules, and systematically described the procedures including proposing, drafting, reviewing, publishing, interpretation and abrogation, so as to emphasize planning and transparency in the formulating process, and improve coordination and unification of insurance regulatory rules.

International Cooperation and Exchanges

In 2013, the CIRC continued to strengthen the cooperation with international organizations including the International Association of Insurance Supervisors (IAIS), the International Organization of Pension Supervisors (IOPS) and the Asian Development Bank (ADB), and expanded bilateral exchanges with major countries (regions), explored cooperation on themes such as cross-border supervision, health insurance, pension, solvency and investment regulation. CIRC has established cooperation mechanisms with more than 10 jurisdictions including the United States, the European Union, Russia, Australia, Thailand, etc. on insurance regulation. CIRC also promoted cooperation with Hong Kong, Macao and Taiwan region on financial services. CIRC has widely participated in international insurance rulemaking, exchange activities and construction of regional cooperation platform. Based on the situation of insurance industry development and opening up, CIRC participated in a number of multilateral negotiation mechanisms in coordination with national overall foreign economic strategy, which promoted the information sharing and exchange among regulators, and defended against cross-border risk transfer. The international cooperation and exchange played a positive role in promoting China's insurance regulation, expanding its international influence, and maintaining the sustainable and healthy development of China's insurance industry.

China Re Group Successfully Hosts F.A.I.R. Conference

From 17th to 19th September, 2013, China Re hosted the 23rd F.A.I.R. conference. Mr. MA Kai, Vice Premier of the State Council, presented and addressed to the conference. More than 600 delegates of insurers, reinsurers and insurance brokers of 61 jurisdictions attended the conference. The conference further deepened the Afro-Asian exchange and cooperation of insurance and reinsurance industry and promoted the influence and reputation of China's insurance industry. The image to the right was the opening ceremony of F.A.I.R. conference.

Regulatory and Industrial Culture, Human Resources and Information System

Regulatory and Industrial culture

On March 21, 2013, the CIRC announced the regulatory and industrial core values. The regulatory core values are "regulation for the people", "governing by law", "scientific prudential regulation", and "practical and efficient work". The industrial core values are "trustworthiness", "risk bearing", "quality service" and "compliance".

To foster and follow these core values is an essential part of the insurance cultural drive. The transformation of the insurance development pattern and the establishment of a scientific growth mode call for such core values. These values can unite the whole industry together, improve insurance regulation, enhance regulatory effectiveness, give the industry a positive image and build up the soft power of the industry. They play a significant role in the sustained and healthy development of the insurance industry.

Insurance Regulatory Core Values	
Regulation for the people	the fundamental purpose of insurance regulation
Governing by law	the basic principle of insurance regulation
Scientific prudential regulation	the key element of insurance regulation
Practical and efficient work	the call of the times for insurance regulation

Insurance Industrial Core Values	
Trustworthiness	the basic principle of insurance operation
Risk-bearing	the fundamental element of insurance
Quality service	the way to deliver insurance value
Compliance	the precondition for development of the insurance market healthy

Supervisory Human Resources

General Information

As of the end of 2013, the CIRC had 2, 792 employees, including 375 at head office, 2, 417 at local branches. Among them, 99% of the 2, 770 employees hold Bachelor degrees and above. 2,538 employees were under the age of 45, which account for 91%.

Training Programs

In 2013, the CIRC intensified education and training programs to promote capacity building of supervisory officers. 69 officers attended 33 training sessions. Training seminars were also organized for senior officers.

Information System Upgrade

In 2013, the CIRC further strengthened and completed a series of system upgrade including a new generation of OA system, the intermediary supervisory system, upgrade of official website, and intranet communication system. Regulatory information infrastructure was further improved. The center computer room of CIRC underwent energy-saving rebuilding, and the construction of local data center and remote backup center for disaster recovery was carried out.

photos by staff of the insurance industry

photos by staff of the insurance industry

05

Insurance Market Operation

In 2013, China's insurance industry achieved premium income of RMB 1.72 trillion (+11.2% YoY). The insurance penetration and density was 3.03% and RMB 1, 265.4 respectively. Insurance companies paid out RMB 620.61 billion (+32.2% YoY). The total assets of insurance companies amounted to RMB 8.29 trillion, an 12.7% increase from the start of the year.

Non-life Insurance Market

Stable Growth of Premium Income

In 2013, non-life insurance companies achieved premium income of RMB 648.12 billion, increased by 17.2% and up by1.5 percentage points from 2012.

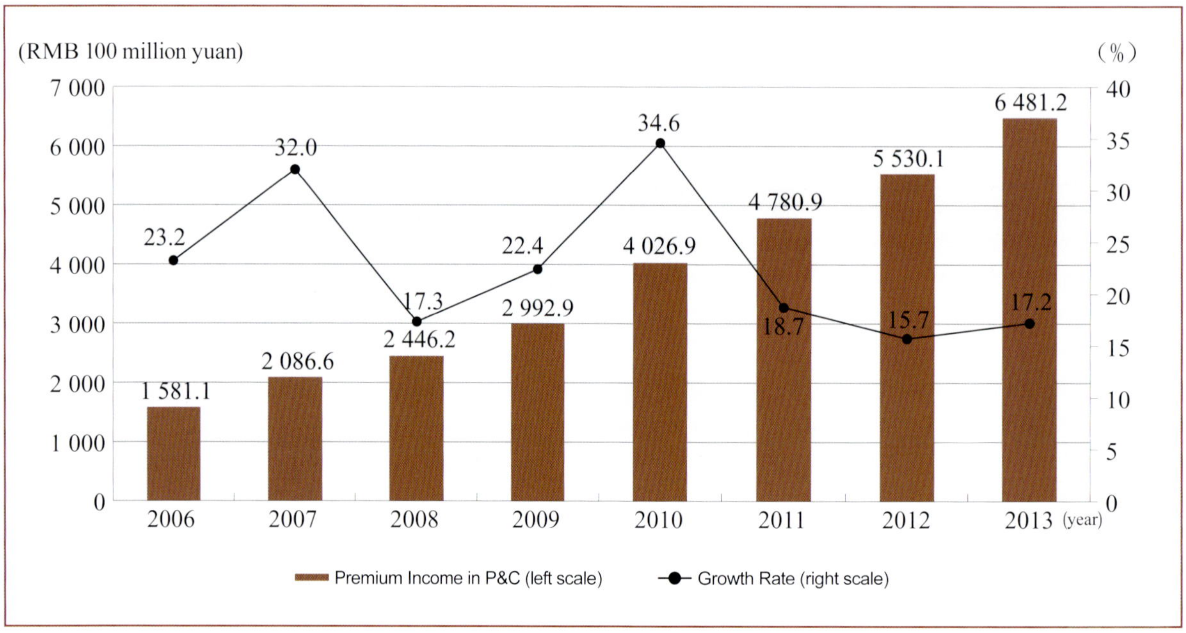

Chart 1 Premium Income and Growth Rate of Non-life Insurance Companies during 2006—2013

The top five contributors of 2013 non-life premium income were auto insurance (RMB 472.08 billion), commercial property insurance (RMB 37.88 billion), agricultural insurance (RMB 30.66 billion), liability insurance (RMB 21.67 billion) and credit insurance (RMB 15.52 billion), which altogether accounted for 89.1% of the market total.

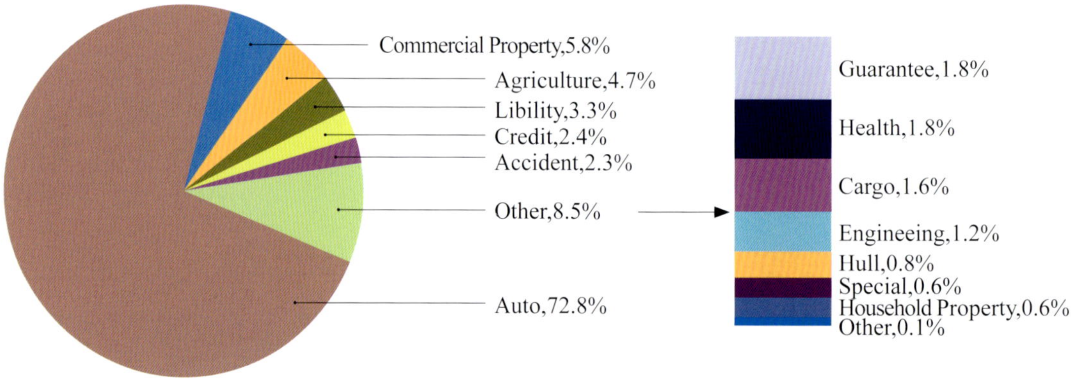

Chart 2 Portfolio of Non-life Insurance Business in 2013

Most of the non-life insurance lines kept stable growth, including auto (+17.9%), household property (+32.1%), liability (+17.9%), guarantee (+29%), agricultural (+27.4%), accident (+19.2%) and health (+63%).

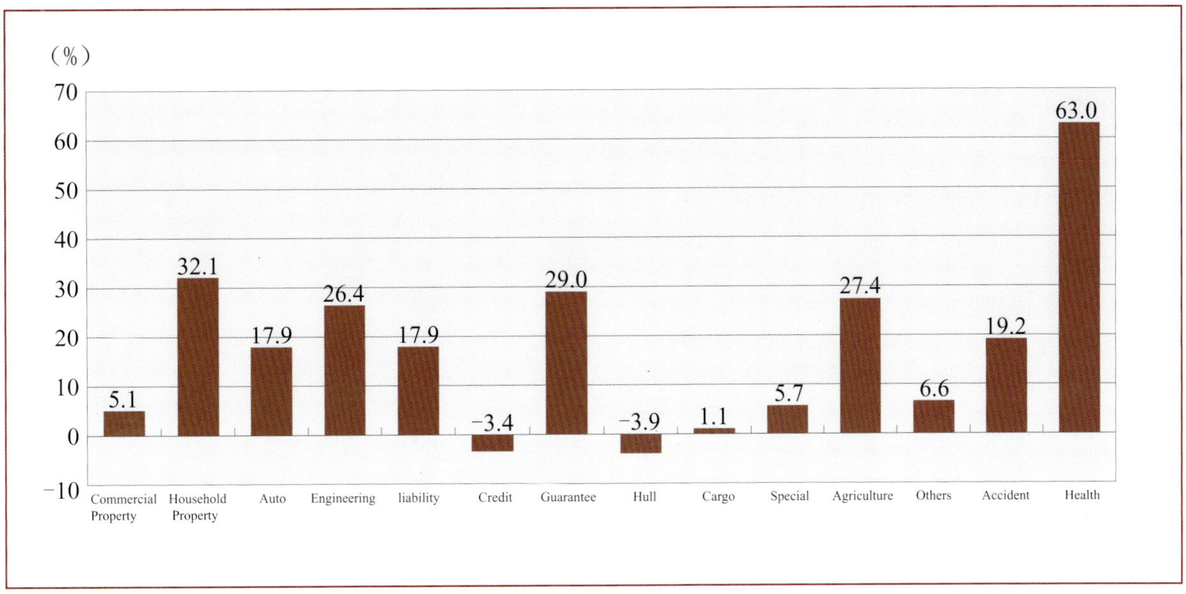

Chart 3 Permium Growth of Major Lines of Non-life Insurance in 2013

Industry Capacity Reinforced

In 2013, total assets of non-life insurance companies amounted to RMB 1.1 trillion, up by 16%, which for the first time exceeded the trillion-dollar mark. The net assets amounted to RMB 251.17 billion, (+14% YoY). As of the end of 2013, non-life companies' total reserves (after reinsurance) reached RMB 460.19 billion (+14.7% YoY).

As of the end of 2013, there were 65 non-life insurance companies in the market, among which 44 were domestic companies and 21 were foreign invested. The market share of the top five companies accounted for 74.3% (by premium income), up by 0.3 percentage point from a year earlier.

Table 1 Top Ten Non-life Insurance Companies by Premium Income in 2013

Rank	Name	Capital structure	Premium income (RMB billion)	Market share (%)
1	PICC Property and Casualty Company Limited	Domestic	223.01	34.4
2	Ping An Property and Casualty Insurance of China, Ltd.	Domestic	115.37	17.8
3	China Pacific Property Insurance Co., Ltd.	Domestic	81.61	12.6
4	China Life Property and Casualty Insurance Company Limited	Domestic	31.85	4.9
5	China United Property Insurance Company Limited	Domestic	29.71	4.6
6	China Continent Property & Casualty Insurance Company Ltd.	Domestic	19.85	3.1
7	Sunshine Property and Casualty Insurance Co., Ltd.	Domestic	16.60	2.6
8	China Export & Credit Insurance Corporation	Domestic	14.03	2.2
9	Taiping General Insurance Co., Ltd.	Domestic	10.80	1.7
10	Tian An Insurance Co., Ltd.	Domestic	9.95	1.5
	Total		552.78	85.4

The Whole Industry Maintained Profitability

In 2013, non-life insurance companies achieved underwriting profits of RMB 2.2 billion, RMB 10.36 billion less year on year, falling by 82.5%, of which auto insurance suffered underwriting loss of RMB 3.26 billion, a sharp decline of RMB 10.22 billion compared to last year. The whole industry achieved net profits of RMB 35.57 billion, up by 7.5% from a year earlier which benefited from the increase of investment return.

Risks Were Effectively Controlled

At the end of 2013, the solvency and core capital ratio of all non-life insurance companies were sufficient enough in general, most companies' solvency adequacy ratio exceeded 150% and no signs of systemic or regional risks were detected of the industry.

Insurance's Social Value was Further Revealed

In 2013, the non-life insurance industry's total sum insured was RMB 674.1 trillion, which was 11.9 times of nominal GDP, 60.7% up from a year earlier. The claim payment totaled RMB 355.42 billion, 22.7% up from a year earlier. Insurance companies took an active part in disaster relief activities during major events, giving full play to the insurance functions of risk management and economic compensation, helping the affected districts quickly restore normal production and life which effectively promoted social harmony and stability.

Life Insurance Market

Premium Income Growth Gradually Recovered

In 2013, the premium income of life insurance companies totaled RMB 1, 074.09 billion, increased by 7.9%, up by 3.8 percentage points from 2012. Premium income from life insurance companies contributed 62.2% to the market total, a reduction of 2.1percentage points over the previous year. As of the end of 2013, the premium income generated from new life insurance policies reached RMB 499.61 billion (+3.2% YoY), representing 46.5% of the total premium income of life insurance companies. Among these, the new installment payment policies contributed RMB 147.04 billion in premium (+0.04% YoY) ,accounting for 29.4% of the total premium under new life policies.

In 2013, the life insurance industry achieved a total profit of RMB 49.75 billion. The overall industrial solvency position was adequate.

Product Structure was Further Adjusted

In 2013, the life insurance business continued to be dominated by participating life insurance. The premium income from participating life insurance stood at RMB 813.28 billion (+3.6% YoY). It accounted for 75.7% of the total premium income of life insurance companies, a reduction of 3.2 percentage points from a year earlier. The premium income of ordinary life insurance totaled RMB 120.03 billion (+23.8% YoY), representing 11.2% of the total premium from life insurance companies. The premium income of unit-linked insurance reached RMB 440 million (+1.6% YoY), and the premium income of universal insurance totaled RMB 8.75 billion (+9.9% YoY).

In 2013, the premium income of health insurance totaled RMB 100.55 billion (+27.2% YoY), and accident insurance RMB 31.04 billion (+19.6% YoY). Both classes collectively accounted for 12.3% of the total, up by 1.8 percentage points from 2012.

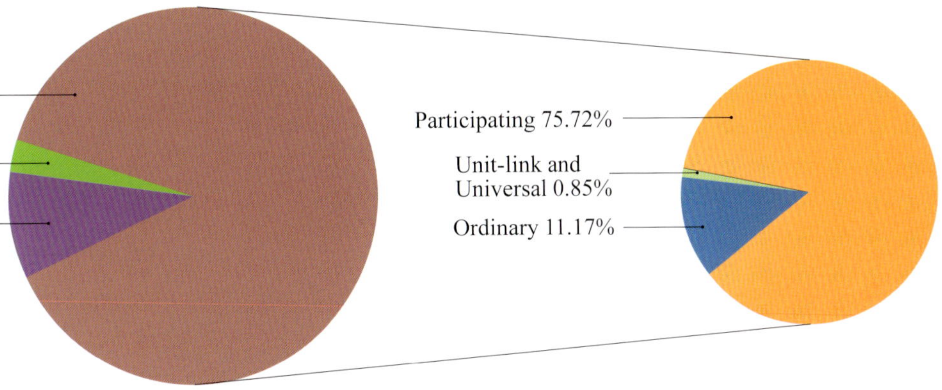

Chart 4 Portfolio of Life Insurance Business in 2013

Steady Development of All Distribution Channels

Driven by the subsequent installment premium, the individual agent distribution channel realized premium income of RMB 549.59 billion (+13.7% YoY), accounting for 51.2% of the total life insurance premium, 2.6 percentage points higher than the share in 2012. Affected by multiple unfavorable factors, the bancassurance channel saw sluggish growth, realizing premium income of RMB 394.01 billion. It decreased by 4.6% YoY, accounting for 36.7% of the total, 4.8 percentage points lower than last year. Direct sales channel generated premium income of RMB 102.66 billion (+38.6% YoY), accounting for 9.6% of the total life premium income, 2.2 percentage points higher YoY. Independent agents contributed RMB 7.67 billion (+12.7% YoY). Insurance brokers contributed RMB 4.38 billion (+14.8% YoY).

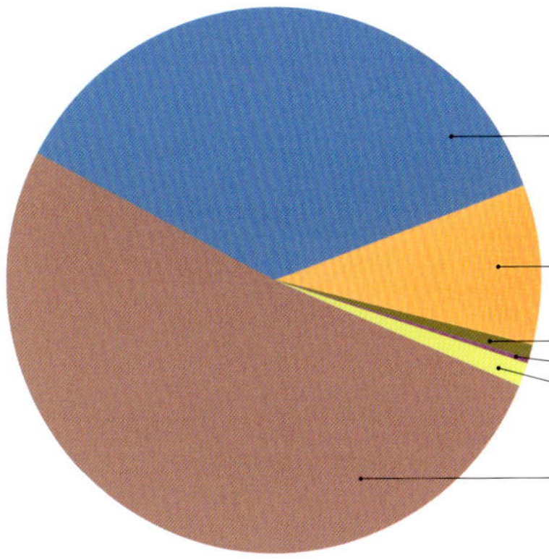

Chart 5 Distribution of Life Insurance Business in 2013

Market Concentration Declined

As of the end of 2013, there were 70 life insurance companies in China, three more than that of 2012. Domestic-funded companies numbered 42, one more than that of 2012, i.e. Bohai Life was added to the list. Foreign-funded companies numbered 28, two more than that of 2012, i.e. SINO-KOREA Life Insurance Company Limited and Ergo China Life Insurance Company Limited.

In 2013, the top five life insurance companies by premium income accounted for a combined market share of 69.5%, down by 1.5 percentage points YoY. This indicated further decline in market concentration.

Table 2 Top Ten Life Insurance Companies by Premium Income in 2013

Rank	Name	Capital structure	Premium income (RMB billion)	Market share (%)
1	China Life Insurance Company Ltd.	Domestic	326.72	30.4
2	Ping An Life Insurance Company of China, Ltd.	Domestic	146.09	13.6
3	New China Life Insurance Co., Ltd.	Domestic	103.64	9.6
4	China Pacific Life Insurance Co., Ltd.	Domestic	95.10	8.9
5	PICC Life Insurance Company Limited	Domestic	75.27	7.0
6	Tai Kang Life Insurance Co., Ltd.	Domestic	61.12	5.7
7	Tai Ping Life Insurance Co., Ltd.	Domestic	51.85	4.8
8	China Post Life Insurance Co., Ltd.	Domestic	23.04	2.1
9	Sino Life Insurance Co., Ltd.	Domestic	22.24	2.0
10	Sunshine Life Insurance Co., Ltd.	Domestic	15.76	1.5
	Total		920.83	85.7

Surrender Value Rose Quickly

In 2013, the surrendered premium value reached RMB 190.61 billion (+56.4% YoY). The surrender ratio was 3.85%, up by 1.01 percentage points YoY. Domestic-funded life insurers had a surrender ratio of 3.9%, and foreign-funded life insurers 2.84%.

Fast Growth of Claims and Compensation Payment

In 2013, life insurance companies paid RMB 265.14 billion in claims and compensation (+47.4% YoY).

Table 3 Claim Payment of Life Insurance Companies in 2013

Type	Claim Payment (RMB billion)	Growth rate YoY (%)	Share (%)
Life insurance	225.08	51.6	84.9
Health insurance	33.52	32.6	12.6
Accident insurance	6.54	7.1	2.5
Total	265.14	47.4	100

Column 5 China Releases First Personal Critical Illness Morbidity Table

On November 14, 2013, The Personal Critical Illness Morbidity Table (2006—2010) of China's life insurance industry was officially released in Beijing, ending the history when China's insurance industry had no morbidity table. The new set of morbidity tables include five sub tables separated into the morbidity of six critical illnesses and 25 other critical illnesses (men and women respectively), as well as reference tables for three critical illnesses, ie. malignant tumor, acute myocardial infarction, cerebral stroke.

Insurance Intermediaries Market

Insurance Intermediary Market Participants

Professional Insurance Intermediaries

As of the end of 2013, there were 2,525 professional insurance intermediaries in China, a decrease of 4 compared with 2012. Out of the total number, there were 1,767 professional insurance agencies, 438 insurance brokers and 320 loss adjusters. All the professional insurance intermediaries recorded a registered capital of RMB 22.39 billion (+39.3% YoY), and total assets of RMB 31.45 billion (+36.5% YoY).

Third-Party Insurance Agencies

As of the end of 2013, there were 214,619 third-party insurance agencies nationwide, including 161,392 from the banking and postal sector (+11.5% YoY), 24,929 from auto dealers and other transportation sector (–19.3% YoY), and 28,108 from other sectors (–7.7% YoY).

Operation of the Insurance Intermediaries Market

In 2013, the premium income realized through insurance intermediaries totaled RMB 1, 383.68 billion, (+8.5% YoY), accounting for 80.3% of the total insurance premium, including RMB 412.25 billion for property and casualty insurance and RMB 971.44 billion for life insurance.

Operation of Professional Insurance Intermediaries

In 2013, all professional insurance intermediaries achieved premium income of RMB 114.83 billion (+ 15.9% YoY).
All professional insurance agencies produced a premium income of RMB 71.81 billion, including RMB 64.14 billion for property & casualty insurance and RMB 7.67 billion for life insurance. Professional insurance agencies realized commission income of RMB 13.1 billion, including RMB 10.36 billion of commission generated from property & casualty insurance and RMB 2.74 billion from life insurance.
All insurance brokers contributed RMB 43.03 billion of premium income, including RMB 38.65 billion from property & casualty insurance, RMB 4.38 billion from life insurance. Insurance brokers generated a revenue of RMB 7.81 billion, including RMB 5.99 billion as brokerage from property & casualty insurance, RMB 930 million from life insurance, RMB 140 million from reinsurance and RMB 750 million as consulting fees.
All insurance loss adjusters realized a fee income of RMB 1.94 billion.

Operation of the Third-Party Insurance Agencies

In 2013, all the third-party insurance intermediaries achieved premium income of RMB 588.75 billion, including RMB 178.94 billion from property & casualty insurance, and RMB 409.8 billion from life insurance.

Insurance Sales Representatives

In 2013, all the insurance sales representatives achieved premium income of RMB 680.1 billion, including RMB 130.51 billion under property & casualty insurance and RMB 549.59 billion under life insurance.

Insurance Fund Investment

As of the end of 2013, the balance of insurance fund investment totaled RMB 7.69 trillion, increased by RMB 833.08 billion from the beginning of the year, accounting for 92.6% of the total assets of the industry. In particular, RMB 2.26 trillion (29.5% of the total) were put in bank deposits, down by 4.8 percentage points from the beginning of the year; bond investment stood at RMB 3.34 trillion (43.4% of the total), down by 1.2 percentage points from the beginning of the year; securities investment funds totaled RMB 357.55 billion (4.7% of the total),down by 0.6 percentage point from the beginning of the year; stock investment RMB 428.93 billion (5.6% of the total), down by 0.9 percentage point

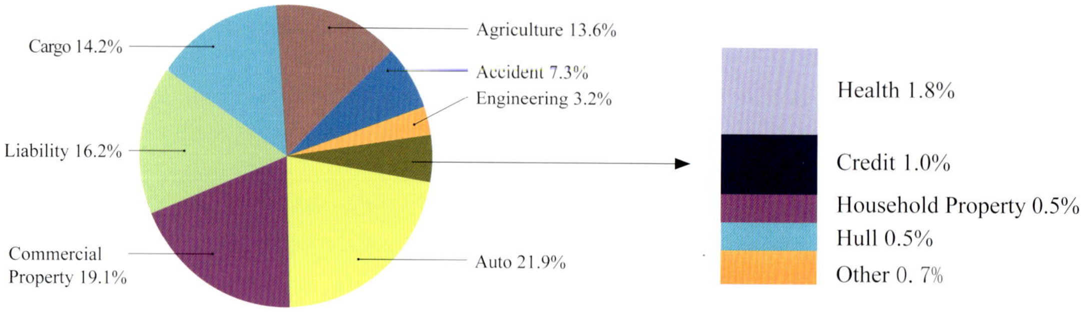

Chart 7 Portfolio of Foreign Non-life Insurance Business

Foreign-funded Life Insurance Companies

In 2013, the premium income of foreign-funded life insurance companies totaled RMB 59.69 billion (+25.6% YoY), accounting for 5.6% of the total premium income of life insurance companies nationwide, 0.8 percentage point higher than the previous year. The premium of new installment policies totaled RMB 9.89 billion (+10.6% YoY), accounting for 33% of the premium from new policies.

Table 6 Top Five Foreign-funded Life Insurance Companies by Market Share

Rank	2013		2012		2011	
	Name	Market share in foreign-funded life insurers (%)	Name	Market share in foreign-funded life insurers (%)	Name	Market share in foreign-funded life insurers (%)
1	ICBC-AXA Life	17. 2	AIA	18. 3	AIA	21. 2
2	AIA	15. 8	ICBC-AXA Life	10. 0	Generali	9. 3
3	MetLife	9. 5	MetLife	9. 8	AVIVA-COFCO	9. 2
4	Generali	8. 0	Generali	8. 8	CITIC- Prudential	8. 9
5	Cigna-CMB	7. 1	CITIC-Prudential	7. 6	MetLife	8. 2
	Total	57. 6	Total	54. 5	Total	56. 8

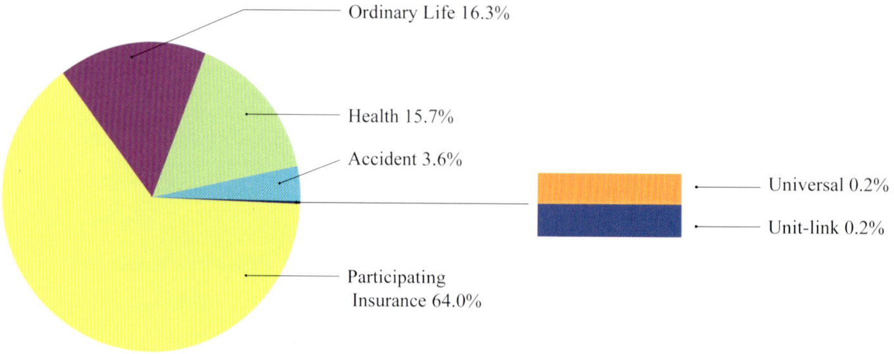

Chart 8 Portfolio of Foreign Life Insurance Business

Foreign-funded Reinsurance Companies

Foreign-funded reinsurance companies collected premium income of RMB 48.18 billion (+65.6% YoY), accounting for 49.4% of the total reinsurance premium income across the country and also made claim payments of RMB 20.31 billion (+33.6% YoY). Foreign-funded reinsurers achieved a total profit of RMB 1.05 billion (–29.6% YoY).

Overseas Institutional Network of Chinese Insurance Companies

By the end of 2013, 12 domestic insurers had set up 31 overseas operating institutions, including 9 asset management companies. Four domestic insurers had set up 7 overseas representative offices.

06

Reform and Innovation in Insurance Sector

- Breakthroughs of Insurance Reforms
- Insurance Innovation Further Enhanced

Breakthroughs of Insurance Reforms

Pricing Reform of Life Insurance Products

Upon the approval of the State Council, the pricing reform of ordinary life products was officially launched on August 5, 2013. The principle is to "liberalize the front-end and control the back-end", which means the assumed rate in pricing a product is independently determined by insurance companies according to market supply and demand, while the valuation rate used in determining reserve level will be determined by the regulatory authority taking into full consideration of the yield of "a basket of assets", long-term Treasury bond yield and other factors. The control on back-end leads to reasonable pricing at front-end. Specifically, the assumed interest rate of ordinary life products will be determined by insurance companies and the market. Insurance companies decide the rate with discretion and prudence, and the upper limit of 2.5% will be removed. The standards of statutory reserve valuation rate will be clarified and reserves and solvency regulation will be reinforced so as to prevent risks. For ordinary life insurance policies issued after the reform, the statutory reserve valuation rate shall not exceed the assumed rate or 3.5%, whichever the lower.

To ensure smooth implementation of the reform, the CIRC issued a set of supporting regulatory policies. First, CIRC introduced a differentiated reserve valuation rate for pension business which is encouraged by the government, allowing the valuation rate to go up 15% to support the development of pension business. Second, the minimum capital requirements on coverage at risk of long-term life insurance business will be lowered to some extent to support the development of risk protection business. Third, providing that the overall cost is controlled and the interests of consumers protected, the insurance companies may independently decide the commission level and optimize the cost structure, to promote the development of risk protection business. Fourth, the eligibility and accountability of chief actuaries will be further regulated to have the professional force of actuaries play an active role in the pricing reform. Fifth, to strengthen the regulations on life insurance policy clauses and rates, the solvency position of the company will be taken as an important factor when reviewing the applications on policy clauses and rates. Approval or filing process will be determined based on whether the assumed rate is higher than the statutory ceiling of valuation rate.

The pricing reform plan turned out to be feasible and well supported and started to show effect. First, the competency to develop life insurance business had been strengthened and structural adjustments began to show results. Under the integrated influence of the pricing reform and the supporting measures, the life insurance business broadly recovered and insurance business returned to its specialty of protection. Second, reform on administrative mechanism had accelerated and the modern enterprise system was gradually established. Insurance companies gradually achieved operational autonomy and further improved decision-making mechanism. Companies were more responsive to market, and exercised more self-discipline against risks. Also, they became more focused on cost control, more coordinated among departments handling liability and investment, and more on capacity building in asset-liability management and capital management. Third, the insurance supervisory methods had been upgraded and regulatory capacity had been improved. The pricing reform drew experience from the advanced international insurance regulatory concepts, further enriched the existing regulatory indicators and improved risk control.

Market-oriented Reforms on Insurance Investment

In 2013, CIRC steadily carried out market-oriented reforms on insurance investment, reduced red tapes and decertralized effectively, which facilitated the transformation of regulation, CIRC issued a series of policies and measures. The reforms enhanced the vitality of the market, achieved positive results and guarded against risks.

First, actively advanced the reform on registration of infrastructure investment plans. In early 2013, the issuance of infrastructure investment plans and other products had been changed from filing (to CIRC) to registration (temporarily with the Insurance Security Fund). The issuance of products is put on

a collective registration system, instead of a case by case basis. Judging from the operational results, the reform went on smoothly. The scale registered in 2013 was equivalent to the sum of the past seven years.
Second, implemented the reform on regulation of investment capacity. *The Notice of Improving Investment Capacity Building of Insurance Institutions* was issued in February 2013, which further classified the capacity of investment into 7 types and implemented licensing regulations.
Third, initiated the reform on proportional regulation on investment. In August 2013, CIRC released *the Notice of Improving the Proportional Regulation on Insurance Fund investment* (draft for consultation), in accordance with the thought of "Focusing on the major classes and relaxing on the details", further relaxed investment proportional limits and started to exercise proportional regulation only on major asset classes.
Fourth, supported industry's innovation pilots. CIRC encouraged the industry to carry out pilot projects on asset management products and asset-backed plans, and helped enrich the diversity and multilevel nature of products initiated by insurance asset management companies. CIRC also supported insurance institutions to meet different financing needs through innovative ways such as combining equity and debt features in investment and achieved good market and social effects.
Fifth, improved the operating mechanism of insurance asset management. CIRC set up the China Insurance Asset Managers' Association to achieve positive interaction among regulators, association and market participants. CIRC also started the work on establishing the centralized registration and transaction system for asset management products to be registered on a centralized system and traded at a specific exchange.
Sixth, accelerated the transformation of regulation methods. Following the principle to "liberalize the front-end and control the back-end", CIRC put to practice the accountability mechanism on investment responsible persons, strengthened supervision on ALM, improved supervision on external credit rating,

Column 6 Major Events of Market Oriented Reforms on Insurance Fund Investment

In February 2013, CIRC released *the Notice of Registration on Debts Investment Plans*, clarified the changes from filing to registration of infrastructure investment plans.
In February 2013, CIRC released *the Notice of Improving Investment Capacity Building of the Insurance Institutions*, classified the capacity into 7 types and exercised licensing regulation.
In February 2013, CIRC released *the Notice of Carrying out Pilot Asset Management Products of Asset Management Companies*, initiated pilots on asset management products.
In March 2013, CIRC initiated the pilot project on asset-backed plans.
In April 2013, CIRC established ALM Supervisory Committee.
In April 2013, CIRC released *the Notice of Accountability Mechanism on Investment Responsible Persons of Insurance Institutions,* held the responsible persons accountable for investment risks.
In May 2013, CIRC decided to set up the China Insurance Asset Managers' Association.
In June 2013, CIRC decided to establish the transaction and exchange mechanism of insurance asset management products.
In June 2013, Insurance asset management companies launched the CPNC pipeline project of RMB 36 billion via the pilot model of equity/debt combination investment.
In August 2013, CIRC released *the Notice on Strengthening the Supervision on Using External Credit Rating for Bond Investment of Insurance Funds*, improved credit risk management, standardized the requirements of using external credit rating and filled the gaps in regulation on rating agencies.
In August 2013, CIRC released *the Notice of Improving the Proportional Regulation on Insurance Fund Investment* (draft for consultation), in accordance with the principle of "focusing on the major classes and relaxing the details", CIRC carried out the new proportional regulation only on major asset classes.
In October 2013, CIRC preliminarily set up contact person mechanism at local branches to enhance regulation on insurance fund investment.

intensified risk monitoring and on-site inspections, and established contact persons at local CIRC branches to promote territorial supervision on insurance fund investment.

Reform on Market Entry and Exit Mechanisms

In 2013, CIRC further deepened the reform on market entry and exit mechanisms. The implementation of the regulation on classified business lines of insurers had differentiated business scope of life and non-life sector, and clarified the requirements on market entry and exit. CIRC set up domestic funded insurers' market entry review committee and issued related rules. The supervision on equity management of insurance companies had been strengthened. The proportional holding limit of single shareholder was eased. CIRC also strengthened supervision on equity investment in insurance companies, formulated *the Regulation on M&A of Insurance Companies*, and improved guidelines for market exit and risk resolution.

Column 7 CIRC Sets up Domestic Funded Insurers' Market Entry Review Committee

In order to improve the market entry and exit mechanisms and increase the quality and transparency of the reviewing process, in July 2013, CIRC set up the domestic funded insurers' market entry review committee. The committee's main task is to review the application related to the establishment of insurance companies with domestic funds. All valid entry applications shall be submitted to the committee for review except for cases forbid by law, cases put on suspension and cases withdrawn by the applicants. The targeted applicants of the committee are domestic funded insurance group (holding) companies and domestic funded insurers.

Establishment of First Domestic Captive Company

On December 26, 2013, CPNC's captive P&C company completed its commercial registration in Karamay, Xinjiang, which marked the establishment of mainland China's first captive company. It was believed to greatly promote CPNC's risk management and service capabilities, enrich insurance market variety, and stimulate China's insurance business and social and economic development.

Ningbo Launches Rural Insurance Mutual Pilot

In September 2011, Ximenwai Village, Longshan Town,Cixi City in Ningbo, set up "FuLong Rural Insurance Mutual". In June 2013, based on previous experience, Ningbo further expanded the pilot project on rural insurance mutual. First, the pilot project was expanded to eight other villages in Longshan Town. Second, setting up a general mutual in Longshan Town for coordinating and providing services such as product design, fund management, underwriting and claim handling to all village-level mutuals. Third, expanding business scope from household property insurance, accident insurance, short-term health insurance to new products such as universal urban/rural resident supplementary medical insurance. Rural insurance mutuals are important innovation which not only improve rural financial and insurance services but also had a positive effect on the capacity of insurance serving agriculture, farmers and rural areas, and rural social management as well, so as to create a new carrier for rural social management by connecting insurance interests.

Insurance Innovation Further Enhanced

In 2013, from the perspective of serving the interest of social and economic development, the CIRC actively carried out product innovation to meet market demand, strengthened efforts on service innovation to enhance customer satisfaction, facilitated management innovation to stimulate the vitality of enterprises, and pushed for innovations in systems and mechanisms to enhance the competitiveness of the insurance industry. In the efforts of a series of innovative measures, the professional standards of insurance industry have been increased, the insurance coverage has been extended and the industry's capacity to serve the overall interest has been enhanced.

Column 8 Breakthrough of Catastrophe Insurance in China

Catastrophe insurance utilizes the insurance mechanism to prevent and mitigate catastrophe risks and provides post-disaster loss compensation. It is an important part of the national natural disaster risk management system under market economy and a necessary complement to the national disaster reduction system.

The CIRC actively carried out researches on catastrophe insurance, reviewed the current situation of catastrophe risk management and catastrophe insurance in China, and studied to promote catastrophe insurance. The CIRC guided Shenzhen and Yunnan province to conduct pilots on earthquake insurance and composite catastrophe insurance and made necessary adjustment to fit local conditions. On December 30, 2013, *Shenzhen Catastrophe Insurance Scheme* was approved in principle by the municipal government of Shenzhen. Shenzhen catastrophe insurance scheme was officially launched and achieved a breakthrough in China.

Product Innovation

Insurance companies deeply explored market demand, developed suitable and innovative insurance products, and achieved great results in serving agriculture, farmers, rural area and urbanization strategy, small and micro enterprises, economic structural adjustment and social management, etc..

Ping An Property Insurance Company Provides Risk Protection to Personal Account Safety

Aiming at the situation where fund safety problems over internet frequently occur and safety of personal accounts get threatened, Ping An Property Insurance Company launched the personal account loss insurance and provided full protection on policy-holders' internet banking, bank cards, third-party payment accounts, etc. and kept on upgrading services. Over 100 thousand customers have been covered since the launch of the product.

China Pacific Insurance Corporation (CPIC) Provides Risk Protection of Housing Safety

CPIC drew experience from international experience and provide risk protection on housing safety. Developers, house-owners, governments and insurance companies thus achieved multiple win-win situation. This product has won the first prize for financial innovation achievement in Shanghai in 2013.

Alltrust Insurance Underwrites China's First Index Insurance on Wind Power

In December 2013, Alltrust Insurance underwrote China's first index insurance on wind power. The index insurance on wind power provided an effective solution to the volatility risk of the natural wind energy for wind power industry and contributed to its stable development.

Huatai Insurance Provides On-line Shopping Back Freight Insurance

On November 11, 2013, the number of trades on on-line shopping back freight insurance closed on Tao Bao by Huatai Insurance Company registered over 150 million transactions with Premium income close to RMB 90 million which had broken the world record for single day. Transaction of shop back freight insurance provided risk protection for on-line shoppers, contributed to the booming of e-commerce market, and helped reduce trade cost in on-line shopping.

China United Property Insurance Company (CUPIC) First Introduces Highway Safety Liability Insurance in Hunan Province

CUPIC developed the highway safety liability insurance to address the demand on liability insurance for safety production of highway construction companies. The product covers third-party casualties and property losses, accident casualties of construction workers, emergency and rescue cost, accident assessment cost and legal cost. This insurance product filled in the gaps in liability insurance of safety production by highway construction companies.

Service Innovation

In 2013, the insurance industry strengthened service innovation and further improved insurance service. Underwriting, loss assessment and claim process was managed more efficiently using mobile and internet technology. Consumer satisfaction was enhanced through standardized claim process and intensified claim information disclosure.

Guangdong Province Develops Local Standards for Insurance Service

In 2013, *the Insurance Service Standards* and *the Fast Processing Standards on Small Amount Auto Insurance Claims*, the provincial standards on insurance service proposed by CIRC Guangdong Branch, were approved and officially published by the Quality and Technical Supervision Administration Bureau in Guangdong Province. *The Insurance Service Standards* comprehensively regulate the insurance companies from every step including marketing, underwriting, callback, conservation of insurance policies, cancellation of insurance policies, hazard prevention, claim management, etc.. Based on *the Fast Processing Standards on Small Amount Auto Insurance Claims*, claim cases with amount below RMB 2,000 in Guangdong Province are required to be settled within 3 working days starting from filing the cases. The two standards fill in the gaps in China on insurance services.

Jiangsu Province Sets Up Fast Processing Mechanism for Highway Accidents on Holidays

Jiangsu Province was the first in China to set up a fast processing mechanism to deal with minor highway accidents on major holidays. Temporary fast processing spots were set up at highway service areas and toll stations according to traffic volume. Simplified "one stop" insurance claim service was offered in coordination with traffic police departments. This helped enhance the efficiency of handling highway accidents and provided protection for people travelling on holidays.

Sunshine Insurance Group and China UnionPay Jointly Initiates E-Policies Hosting Service

In September 2013, to help create a safe on-line shopping environment, Sunshine Insurance Group and China UnionPay jointly initiated an innovative e-policy hosting service.

Sino Life Launches E-service Center

In 2013, Sino Life launched the E-service Center project, whose core function was to provide self-service terminals, including terminals exhibiting public information and self-service terminals. The E-service self-service terminal system replaced the service staff's operation with customers' real-time input. This has broken the limit of traditional insurance service on staff number and timely operation. It is a perfect combination of modern electronic technology and traditional insurance service. It has effectively enhanced customer satisfaction.

Management Innovation

In 2013, through innovations in management, administrative rules and skills, insurance companies further strengthened management and evaluation over senior executives and staff members, improved operation rules to benefit more from better management.

Huatai's Innovative Model of Exclusive Agent in Community Service

Huatai Property Insurance has learned from the experience of advanced insurance markets such as USA, Europe and Japan, and created its own Exclusive Agent (EA) Model. After a few years of practice, Huatai's EA model has become an innovative insurance sales model suitable to China's market. By the end of 2013, Huatai Property Insurance had set up 819 community EA sales outlets and collected insurance premium of RMB 500 million.

PICC Property Sets Up Closed-loop Service Quality Management System

In 2013, PICC Property conducted for the 5th consecutive year service assessment by anonymous outsider persons and carried on survey on external customer satisfaction and covered areas such as service standardization, service quality control, service external monitoring, service quality management. PICC Property emphasized on the application of assessment results in performance appraisal and set up a closed-loop service quality management system.

Innovation in System and Mechanism

In 2013, insurance industry deepened reforms, improved operation management mechanism, business development mechanism and talent management mechanism, and pushed forward the transformation of development mode.

Corporate Governance Manuals from BOC Insurance

In order to assist the directors, supervisors and managers to fully understand their mandate, get familiar with regulatory requirements and better fulfill their responsibility, BOC Insurance published the *Corporate Governance Manuals* in 2013, based on the existing rules and regulation, to better adapt to the need of changes in regulation and corporate governance.

"One Stop" Service from CPIC

In 2013, CPIC Group launched the "one stop" comprehensive life/property insurance service, which was the first such service in insurance industry. Through sending staffs or co-building over 250 CPIC property insurance and life insurance sales outlets could share resources and jointly provide services. The picture shows a standard outlet of CPIC in Fuzhou, which offered "one stop" service of property and life insurance and met various demands from the customers through mobile communication technology and "sit and enjoy" mode.

Innovation in Technology

In 2013, the insurance industry actively introduced technical innovations, using big data, mobile communication and internet tools to improve the analysis competency of risk factors and related information so as to achieve better service quality of underwriting and claim handling.

Guoyuan Insurance Uses Geographic Information System to Guard Against Fraud in Underwriting and Claim Handling

In 2013, Guoyuan Insurance developed and put to trial operation a Geographic Information System (GIS) of agricultural insurance by integrating the use of GPS, RS and drone technology. By measuring the relative location of adjoining parcels of the insured land of farmers, inputting GPS coordinates into GIS, and linking to policies in core business system, the system accurately locks in the subject insured so that moral hazard can be contained from the beginning of underwriting. Meanwhile, the surveyed pictures can be uploaded to the GIS system and serve as the basis for loss evaluation. For flood of large areas, drones can be used to take aerial photos to measure the actual affected area, combined with the system function of regional loss statistics analysis to calculate actual losses.

China Re P&C Issues First Domestic Exposure Curve

On September 25, 2013, China Property Casualty Re Co. issued first domestic exposure curve– China Re exposure curve. Based on information on near half million commercial insurance policies collected by China Re P&C Industry Data Analysis Center over the past three years, the curve reflects the risk profile of Chinese property insurance business to a certain extent, representing the average loss level of property insurance industry. It depicts the loss distribution of Chinese property insurance business, and provides an important guidance for scientific evaluation of risks. It has changed the long-term dependence on foreign risk curve, which is of great significance to promote the industry development.

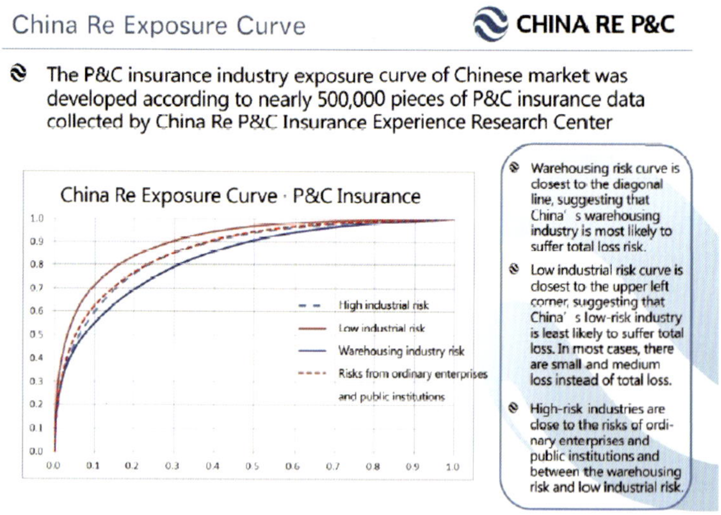

The First Domestic Specialized Think Tank Founded for Country Risk Profiling

On April 19, 2013, SINOSURE established the first domestic think tank specialized in country risk profiling – the National Risk Research Center, which further strengthened the research capacity on sovereign risks so as to provide more intellectual support to enhance the level of the open economy and the international competitiveness of Chinese enterprises, and reasonably circumvent risks of foreign trade and overseas investment.

photos by staff of the insurance industry

07

Insurance Consumer Right Protection and Education

- Better Consumer Protection Mechanism
- Preliminary Establishment of Consumer Right Protection Working Mechanism
- Stronger Capacity on Handling Insurance Consumer Complaints
- Major Issues Raised by Consumers Tackled
- Publicity and Consumer Education Promoted

Better Consumer Protection Mechanism

The CIRC released *the Administrative Measures on Handling Insurance Consumer Complaints*, which provided the rule foundation for effective management of consumer complaints for the industry. The CIRC also released *the Notice on Implementation of the Administrative Measures on Handling Insurance Consumer Complaints*, which provided guidance to the local CIRC branches, insurance companies and China Insurance Association on how to handle consumer complaints. The CIRC also released the *Notice on Insurance Companies Assessing Work on Handling Consumer Complaints* to initiate annual assessment on insurance companies handling complaints, and to facilitate further improvement.

Preliminary Establishment of Consumer Right Protection Working Mechanism

First, the work on insurance dispute settlement had been further extended. By 2013, all CIRC local branches had established insurance dispute settlement working mechanism. Altogether 326 dispute settlement institutions were established, among which 107 were newly set up. The insurance dispute settlement and mediation linkage mechanism had been steadily advancing and pilots were set up in 31 regions with local courts. In 2013 of the whole industry 26 thousand cases were successfully solved, involving policy amount as much as RMB 840 million. Second, the information disclosure mechanism concerning consumer interest was established. Information on consumer complaints to the insurance companies was released to the public each quarter, which helped provide information backup to the consumers and assisted them to choose the appropriate insurance companies. Third, public surveillance mechanism was further improved.Through different channels such as information sharing platform, workshops, tour and visits, etc., the CIRC introduced to representatives of the public general information of the insurance market, strategies and arrangements made by the CIRC and major steps taken, while widely hearing the public opinion.

Column 9 Insurance Dispute Settlement and Mediation Linkage Mechanism Appears Effective

At the end of 2012, the CIRC and the High Court jointly issued a notice, deciding that pilots be launched starting from 2013 in some regions on the establishment of insurance dispute settlement and mediation linkage mechanism. In the pilot regions, the district courts would assign a mediator before filing a case, and delegate the mediation (to a private third-party mediation organization) after filing the case, to guide the parties involved to settle the dispute through mediation more effectively and at a lower cost. The agreement reached via mediation organizations or mediators equaled to that of a civil contract. The parties involved could apply to the court and recognize its legal effect. The mediation agreement acknowledged by the court could be enforced. By the end of 2013, there were 125 municipalities across the nation that had established the insurance dispute settlement and mediation linkage mechanism and 20 thousand cases were solved. The mechanism started to take effect and created win-win situation for six parties, ie. insurance consumers – shortened the time for dispute settlement and lowered the cost for protecting their legal rights; insurance companies – saved legal expenses and eased the conflicts with insurance consumers; courts – reduced the burden of case load; insurance association – increased the faith of consumers and service capacity for the association member companies; insurance supervisory agencies – reduced insurance consumer complaints; local government – reduced the burden on maintaining social stability.

Stronger Capacity on Handling Insurance Consumer Complaints

First, insurance consumer complaints were carefully handled. *Administrative Measures on Handling Consumer Complaints* were issued, assessment on insurance companies handling complaints was implemented, consumer complaint channel was smooth, and capacity on handling insurance consumer complaints was steadily improved. 21 thousand complaint cases were solved over the year, and consumer interest was effectively protected. Second, the quality and efficiency of consumer protection hotline "12378" was enhanced. Training was strengthened to improve the knowledge and skill of the hotline staff, the maintenance and upgrading of the hotline system was strengthened too to further improve the system functions. In 2013, there were 170 thousand dial-in calls with "12378" hotline and 98% of customer satisfaction was achieved. Third, channels for consumer complaints were well maintained, the postal address and email address, fax number for complaint letters and reception for visits were publicized at the CIRC official website to make sure the major four channels for consumer complaints (letters, visits, phone calls, websites) were smooth.

Major Issues Raised by Consumers Tackled

First, tightened the management of the authenticity of life insurance policy holders' personal information and improved the assessment of governance effect on sales misleading in life insurance business. Second, set up the assessment indicator system to motor insurance claim settlement and pushed forward the standardization of claim settlement. Third, carried on themed inspections on claim settlement difficulties of motor insurance business and forced sale of insurance on websites, etc. Fourth, pushed to clean up the unsettled claims in property and casualty insurance business, and established a lasting working mechanism on handling the unsettled claims in the property insurance business.

Publicity and Consumer Education Promoted

First, set up the "National Insurance Publicity Day". The CIRC set July 8 as the National Insurance Publicity Day and took it as the opportunity to advertize insurance knowledge extensively and promoted campaigns on insurance functions in serving and improving modern finance system, social security system, agriculture security system, disaster prevention system and social management system. Second, took the lead in utilizing social networks such as Weibo and WeChat and expanded news release to cyber space following the development of new media. Third, produced insurance industry promotion films. Five insurance promotion films were shown on CCTV, CNR and some local satellite TV networks to deliver the message about insurance culture and values. Fourth, during the period of March 15 (the World Consumer Rights Day), consumer right protection campaigns with the theme of "Trust Insurance, Quality Service" were promoted across the country. 9829 events were carried out nationwide with participants exceeding one million. Fifth, guided the insurance companies to continue publicizing their service commitment, requesting the insurance companies to keep on refining the content of their commitment based on consumer needs and regulatory requirements and publishing their commitment on the Insurance Association's website. The assessment mechanism is to be improved and accountability be strengthened. Sixth, opened columns on consumer education at major presses, reported the regulator's policies on consumer protection, educated on consumer protection, and led consumers to rational consumption. Seventh, carried on appraisal of "Top 10 service role model", "Top 10 best service counter", and opened columns for exhibition on China

Insurance Newspaper and the website of China Insurance Association with propaganda on model cases, and give full play to the role models' demonstration effect.

First National Insurance Publicity Day Launched in Beijing

On July 8, 2013, the first National Insurance Publicity Day was launched in Beijing. At the launching ceremony, the first publicity day set its theme as"Hear with All Your Heart and Communicate". The CIRC and the IAC pushed the local CIRC branches, industry associations and insurance institutions to carry out campaigns on insurance publicity across the nation, They went to hear out the expectations and thoughts of the public on insurance through all kinds of means,to educate the public about insurance knowledge, to introduce to them the role and functions of insurance and to let them know about how insurance can serve the social and economic development. These campaigns helped improve the public awareness on insurance. The picture here shows Mr Xiang Junbo, Chairman of the CIRC, giving speech at the launching ceremony.

The Insurance Industry Uses Propaganda Films to Promote Insurance

In 2013, the insurance industry displayed a series of insurance industry promotion films on CCTV, CNR and some local networks. The films visualized the functions of insurance, demonstrated the important role of the insurance industry in serving the economy and society, and delivered the concept "Insurance Makes Life Better" to the public, which obtained good social response and publicity effects.

08

Development Prospects for China's Insurance Market in 2014

- The Insurance Industry is Still at Its Golden Age
- The Insurance Market is Expected to Maintain Its Steady Growth Momentum While Keeping on Progressing
- Insurance Regulation Will Be Further Improved and Strengthened

2014 is a year when the party's spirit of the third plenary session of the 18th CPC Central Committee will be fully implemented and reforms will be deepened comprehensively. It is also a critical year when the tasks and goals set by the 12th five-year plan will be accomplished. With the continuous improvement of external legal and policy environment, various market-oriented reform measures will continue to be reinforced, and the image of the industry will keep on improving, the insurance industry will be facing a new phase of development.

The Insurance Industry is Still at Its Golden Age

In 2014, China's macro economy is expected to maintain its steady and relatively fast momentum. The living standard of households will keep on rising, and social wealth and household wealth will continue to accumulate. These altogether will provide a good external environment for the development of insurance industry. The third plenary session of the 18th CPC Central Committee outlined the overall strategy for deepening reforms, and specified goals for main areas such as agriculture insurance, catastrophe insurance, pension, health insurance, etc. and pointed out the direction for insurance industry's reform and development. The market foundation, regulatory foundation, human resources foundation and social foundation for the long-term development of insurance industry become solid. The image of insurance industry will be improved. The advantage of protection function specific to insurance is getting into full play, which will continue to inject vitality to the sustainable healthy development of insurance industry. Meanwhile, there are still uncertainties with the world economic recovery. There's increasing downward pressure with the domestic economy. The competitive landscape of the financial markets is seeing profound changes. The traditional development pattern for insurance industry is in urgent need to transform. The insurance product competitiveness needs to be enhanced. The insurance market order needs to be further regulated. The insurance industry is still facing some risks and challenges.

The Insurance Market is Expected to Maintain Its Steady Growth Momentum While Keeping on Progressing

In 2014, China's insurance industry will pursue the principle of making progress while maintaining stability, and fully implement the spirit of the Central Economic Working Conference and Urbanization Working Conference. China's insurance industry will seize the great opportunity of comprehensively deepening reforms, break the bottle-neck of market development, stimulate market's vitality and overcome adverse impact and difficulties, so that steady growth can be maintained and new phase of market development can be brought forward.

Insurance Regulation Will Be Further Improved and Strengthened

In 2014, the CIRC will fully implement the party's spirit of the 18th CPC Central Committee and the second and third plenary sessions, the Central Economic Working Conference and the speeches of Chairman Xi Jinping, and carry on reforms and renovations throughout all aspects of insurance regulation. The CIRC will insist on "improving service, tightening regulation, preventing risks and promoting development", and strive to deepen reforms, prevent and mitigate risks, protect insurance consumers' rights and interest, to push forward the modernization of regulation and facilitate the sustainable and healthy development of insurance industry.

09

Appendices

Appendix 1 Important Regulatory Trends of China's Insurance Market in 2013

January 6, the CIRC released *the Administrative Measures of Insurance Sales Personnel*, consolidated professional requirements and norms of the insurance sales personnel.

January 16, the CIRC released *Basic Service Standards for Insurance Agencies, Basic Service Standards for Insurance Brokers, Basic Service Standards for Insurance Loss Adjusters*, specified procedures for insurance intermediaries and service requirements for each step.

January 21, the CIRC and the Ministry of Environment Protection jointly released *the Guidelines on Pilots on Liability Insurance of Environment Pollution*, to guide local governments in promoting the pilots on environment pollution liability insurance for heavy metal and petrochemical related enterprises with high environment pollution risk.

January 24, the National Insurance Regulatory Conference for 2013 was held in Beijing. Mr. Xiang Junbo, Secretary of the CPC committee, Chairman of the CIRC attended the conference and gave the keynote speech.

January 24, the CIRC released *the Notice on Strengthening Asset Management Capacity Building of Insurance Institutions*, to put licensing requirements on the investment capabilities of insurance institutions and simply the on-site assessment procedure.

February 1, the CIRC released *the Notice on Registry of Fixed-income Type Investment Plans*, and changed the offering requirements of infrastructure projects investment plans from filing (with the CIRC) to registry (temporarily with the Insurance Security Fund).

March 1, China's first regulation on agriculture insurance *the Regulations of Agriculture Insurance* took effect.

March 12, the CIRC released *the Interim Measures on Major Illness Insurance Business of Insurance Companies for Urban and Rural Residents*, to regulate the entry and exit requirements on the major illness insurance business of insurance companies and specific business requirements.

March 12, the CIRC released *the Guidance on Development Planning and Administration of Insurance Companies*, to further regulate the development planning of insurance companies and make the planning play the leading role in corporate management.

March 15, the CIRC released *the Administrative Measures on Market Entry of Insurance Companies' Local Branches*, to further regulate the approval process of insurance companies branches, and strengthen the institutional regulations on insurance companies branches.

March 15, the CIRC revised *the Administrative Measure on Subordinated Term Debt of Insurance Companies*, to further regulate the offering, management, principal and interest payment and disclosure of subordinated term debt issued by insurance companies, to make sure of the solvency of the insurance companies.

March 21, the CIRC officially announced the core value of insurance regulation and insurance industry. The core value of insurance supervision is "to regulate for the people, by law, prudently, pragmatically and effectively", and the core value of the insurance industry is "be trustworthy, undertake risks, focus on service and comply with regulations".

April 25, the CIRC released *the Administrative Measures on Phone Marketing Business by Life Insurance Companies*, to further regulate the phone marketing business of life insurance companies, to combat misleading sales, to solve the annoyance phone call issues, so that the legitimate right of consumers is effectively protected.

April 27, the CIRC revised *the Regulation on Insurance Agencies and the Regulation on Insurance Brokers,* and increased the entry threshold of insurance intermediary market.

May 2, the CIRC released *the Administrative Measure on Classification of Insurance Companies' Business Scope,* to further regulate the business scope of insurance companies, to establish and improve the entry and exit mechanism of insurance market, and to promote the professional and differentiated development of insurance industry.

May 3, the CIRC released *the Conceptual Framework of China Risk Oriented Solvency System ("C-ROSS"),* specified the overall objective of C-ROSS, and formulated some basic technical principles. It worked out a blueprint of China's risk-oriented solvency system, and also laid a solid foundation for the development and measurement of C-ROSS' technical standards.

May 6, the CIRC released *the Interim Measure on Old-age Security Management Business*, to further regulate the business activities of pension insurance companies, to protect the legitimate right of the parties involved in old-age security management business, and to accelerate insurance industry's involvement in the construction of multi-level old-age security system.

July 1, the CIRC released *the Administrative Measure on Handling Insurance Consumer Complaints,* which took effect on November 1, 2013. This will further regulate the process of handling insurance consumers' complaints, smooth the channel for consumer rights protection, and enhance the efficiency of handling consumer complaints.

July 8, the first National Insurance Publicity Day was initiated in Beijing. Mr. Xiang Junbo, Chairman of the CIRC, and Mr. Li Shixiang, Vice Mayer of Beijing, gave the keynote speech respectively. The CIRC opened its official account on the Weibo and the WeChat channel. The headquarter of the CIRC was open to representatives of the public, the top management of the CIRC and responsible personnel of related supervisory departments held discussions with the representatives.

July 25, the CIRC set up the Entry Approval Committee of Chinese Insurance Institutions, to further improve the market entry and exit mechanism and enhance the quality and transparency of the approval process.

August 1, the CIRC released *the Notice on Insurance Rate Reform Related Matters of Regular Life Insurance*, and officially launched the pricing mechanism reform of life insurance. The 2.5% ceiling of the assumed rate of traditional life insurance products was called off, and the assessment rate for capital reserves was clearly defined. The capital requirement for protection-type insurance products was lowered, which would enhance the competitiveness of the life insurance products with the precondition of controlling risks.

September 2, the CIRC released *the Administrative Measure for Assessing Service of Life Insurance Companies,* to guide the insurance companies to keep on improving their service workflow and service quality.

September 2, the CIRC released *the Assessment Methods for CIRC Local Branches on Supervising Case Risks*, using quantitative measures to examine and assessment the process of CIRC local branches in supervising case risks, which consists of four parts – basic management, prevention of case risks and early warning, reporting of cases and risk disposition, monitoring and accountability, rectification.

November 4, the CIRC released *the Interim Measure on Managing the Authenticity of Life Insurance Policy-holders' Information,* to further strengthen the authenticity management of customer information of life insurance companies and improve the service quality.

December 2, the CIRC released *the Notice on Related Matters on Regulation of Captive Insurance Companies*, to stipulate rules on the establishment, operation and regulation of captive companies.

Appendix 2 Major Insurance Indicators of China during 2004—2013

Table 1 Distribution of Premium Income, 2004—2013①

Year	Insurance Premium		Life Insurance		Non-life Insurance	
	Absolute Value (RMB 100 million)	Growth Rate (%)	Absolute Value (RMB 100 million)	Growth Rate (%)	Absolute Value (RMB 100 million)	Growth Rate (%)
2004	4, 323. 0	12. 3	3, 198. 2	7. 2	1, 124. 8	30. 0
2005	4, 928. 4	14. 0	3, 644. 9	14. 0	1, 283. 1	14. 1
2006	5, 640. 2	14. 4	4, 059. 1	11. 3	1, 581. 1	23. 2
2007	7, 033. 4	25. 0	4, 946. 5	21. 9	2, 086. 6	32. 0
2008	9, 789. 1	39. 2	7, 342. 6	48. 5	2, 446. 2	17. 3
2009	11, 137. 3	13. 8	8, 144. 2	11. 0	2, 992. 9	22. 4
2010	14, 528. 0	30. 4	10, 500. 9	28. 9	4, 026. 9	34. 6
2011	14, 341. 0	10. 5	9, 560. 0	6. 9	4, 780. 9	18. 7
2012	15, 485. 5	8. 0	9, 955. 4	4. 1	5, 530. 1	15. 7
2013	17, 217. 9	11. 2	10, 736. 5	7. 9	6, 481. 2	17. 2

Table 2 Insurance Penetration and Insurance Density, 2004—2013②

Year	Insurance penetration (%)	Insurance density (RMB per person)
2004	3. 39	332. 2
2005	2. 70	375. 6
2006	2. 80	431. 3
2007	2. 93	532. 4
2008	3. 25	736. 7
2009	3. 32	834. 4
2010	3. 65	1, 083. 4
2011	3. 04	1, 064. 4
2012	2. 98	1, 143. 7
2013③	3. 03	1, 265. 4

Table 3 Insurance Fund Investment Return, 2004—2013

Year	Investment Return (%)
2004	2. 87
2005	3. 60
2006	5. 80
2007	12. 17
2008	1. 91
2009	6. 41
2010	4. 85
2011	3. 57
2012	3. 39
2013	5. 04

① The premium income from 2004 to 2010 was statistical data prior to the implementation of *Interpretation No. 2 of the Accounting Standards for Business Enterprises.*

② The insurance penetration and the insurance density from 2004 to 2010 is calculated according to the statistic data prior to the implementation of *Interpretation No.2 of the Accounting Standards for Business Enterprises.*

③ Data are taken from the website of the National Bureau of Statistics, where 2013 GDP RMB 56.884521 trillion, total population as of end 2013 at 1.36072 billion.

Table 4 Distribution of Premium Income by Region, 2013

Region	Original Insurance Premium Income			Property & Casualty Insurance			Personal Insurance		
	Accumulative (RMB10,000)	YoY Growth (%)	Proportion (%)	Accumulative (RMB10,000)	YoY Growth (%)	Proportion (%)	Accumulative (RMB10,000)	YoY Growth (%)	Proportion (%)
National Total	17,217.9	11.2	100.0	6,212.3	16.6	100.0	11,005.6	8.4	100.0
1. Independent Business Income of Headquarters	85.2	2.0	0.5	83.2	2.0	1.3	2.1	108.4	0.0
2.East Region	9,939.8	11.0	57.7	3,587.8	15.2	57.8	6,352.0	8.8	57.7
Beijing	995.5	7.9	5.8	288.0	7.9	4.6	707.5	8.0	6.4
Tianjin	276.8	16.2	1.6	102.3	12.7	1.7	174.5	18.4	1.6
Hebei	837.8	9.4	4.9	309.8	19.8	5.0	528.0	4.0	4.8
Liaoning	446.3	10.9	2.6	165.5	15.5	2.7	280.8	8.4	2.6
Dalian	176.0	9.6	1.0	63.6	10.3	1.0	112.4	9.2	1.0
Shanghai	821.5	0.1	4.8	285.3	11.2	4.6	536.2	-5.0	4.9
Jiangsu	1,446.0	11.1	8.4	518.6	17.6	8.4	927.4	7.8	8.4
Zhejiang	923.8	12.7	5.4	415.1	15.9	6.7	508.7	10.2	4.6
Ningbo	185.5	12.6	1.1	96.8	12.3	1.6	88.7	13.0	0.8
Fujian	463.1	20.3	2.7	157.2	17.5	2.5	305.9	21.9	2.8
Xiamen	111.8	20.3	0.7	48.1	16.0	0.8	63.7	23.8	0.6
Shandong	1,101.4	13.8	6.4	370.5	16.6	6.0	731.0	12.4	6.6
Qingdao	178.8	11.6	1.0	75.1	15.7	1.2	103.7	8.8	0.9
Guangdong	1,434.2	11.1	8.3	487.4	16.9	7.9	946.8	8.3	8.6
Shenzhen	468.8	16.8	2.7	172.8	11.8	2.8	296.0	20.0	2.7
Hainan	72.6	20.5	0.4	31.7	26.0	0.5	40.9	16.5	0.4
3. Middle Region	3,873.3	9.8	22.5	1,253.5	19.6	20.2	2,619.8	5.7	23.8
Shanxi	412.4	7.2	2.4	144.5	13.1	2.3	267.8	4.3	2.4
Jilin	263.8	13.4	1.5	91.1	16.6	1.5	172.7	11.8	1.6
Heilongjiang	384.3	11.7	2.2	113.6	14.5	1.8	270.7	10.5	2.5
Anhui	482.9	6.5	2.8	203.8	20.6	3.3	279.1	-1.9	2.5
Jiangxi	317.8	17.0	1.9	116.2	19.2	1.9	201.6	15.7	1.8
Henan	916.4	9.0	5.3	238.8	22.0	3.8	677.5	5.0	6.2
Hubei	587.4	10.1	3.4	169.3	25.2	2.7	418.0	4.9	3.8
Hunan	508.4	9.3	3.0	176.0	21.4	2.8	332.4	3.8	3.0
4. West Region	3,319.5	13.6	19.3	1,287.8	18.4	20.7	2,031.6	10.8	18.5
Chongqing	358.1	8.2	2.1	112.5	18.2	1.8	245.6	4.2	2.2
Sichuan	914.6	11.7	5.3	315.1	16.1	5.1	599.5	9.6	5.5
Guizhou	181.7	21.0	1.1	89.0	26.5	1.4	92.7	16.1	0.8
Yunnan	320.7	18.2	1.9	151.8	22.8	2.4	168.9	14.3	1.5
Tibet	11.4	19.9	0.1	8.0	22.2	0.1	3.5	14.9	0.0
Shaanxi	417.4	14.3	2.4	137.1	18.4	2.2	280.3	12.3	2.6
Gansu	180.2	13.5	1.1	68.3	22.2	1.1	111.8	8.7	1.0
Qinghai	39.0	20.4	0.2	19.5	20.8	0.3	19.5	20.0	0.2
Ningxia	72.7	16.0	0.4	31.4	18.6	0.5	41.3	14.1	0.4
Xinjiang	273.5	16.1	1.6	113.2	20.9	1.8	160.2	13.0	1.5
Inner Mongolia	274.7	10.9	1.6	129.7	8.3	2.1	145.0	13.3	1.3
Guangxi	275.5	15.6	1.6	112.2	21.6	1.8	163.3	11.9	1.5

Table 5 2013 Balance Sheet of China's Insurance Industry Unit: RMB100 million

Assets	Opening Balance	Ending Balance	Total Equity and Liabilities	Opening Balance	Ending Balance
Assets:			**Liabilities:**		
Cash	4, 001. 6	2, 641. 0	Short-term borrowings	12. 0	55. 5
Lending funds	0. 0	0. 7	Guarantee deposits received	38. 9	82. 4
Financial assets at fair value through income	1, 575. 0	1, 634. 0	Borrowing funds	0. 0	25. 0
Derivative financial assets	1. 6	0. 3	Financial liabilities at fair value through income	0. 7	0. 7
Financial assets purchased under agreement to resell	159. 3	838. 2	Derivative financial liabilities	0. 0	0. 1
Interest receivable	1, 151. 0	1, 224. 7	Assets sold under agreements to repurchase	5, 055. 7	3, 650. 5
Premium receivable	487. 7	580. 0	Brokerage and commission expenses payable	154. 8	176. 5
Assets management fee receivable	4. 9	12. 1	Commission expenses payable for pension	0. 0	0. 0
Pension management fee receivable	3. 0	3. 3	Premiums received in advance	371. 8	492. 7
Subrogation receivable	48. 3	41. 5	Salaries and employees' welfare payable	285. 4	325. 9
Reinsurance receivable	607. 1	764. 3	Taxes payable	134. 5	139. 9
Reinsurance unearned premium reserve receivable	305. 5	393. 0	Insurance Security Fund	23. 7	29. 4
Reinsurance outstanding claims reserve receivable	431. 9	562. 8	Claims payable	724. 2	951. 9
Reinsurance life reserves receivable	179. 4	347. 0	Other payables	395. 1	487. 0
Reinsurance long-term health reserves receivable	82. 7	94. 7	Policyholder dividend payable	1, 053. 1	1, 268. 2
Policy loans	835. 3	1, 335. 1	Reinsurance payable	656. 8	910. 4
Loans	2, 371. 0	5, 526. 5	Unearned premium reserves	2, 850. 4	3, 325. 5
Guarantee deposits	134. 5	230. 0	Outstanding claims' reserves	2, 606. 8	3, 035. 3
Term deposits	18, 474. 5	18, 823. 0	Including: IBNR	666. 0	764. 2
Available-for-sale financial assets	16, 788. 5	17, 889. 7	Life insurance reserves	38, 914. 2	44, 428. 1
Hold-to-maturity investment	18, 926. 8	21, 203. 4	Long-term health insurance reserves	1, 577. 9	1, 869. 9
Long-term equity investments	2, 159. 6	3, 989. 8	Policyholders' deposits	7, 505. 2	9, 591. 5
Statutory deposit	841. 2	926. 1	Long-term borrowings	45. 9	52. 2
Investment properties	378. 0	732. 4	Bonds payable	1, 964. 1	2, 301. 8
Fixed assets	697. 4	769. 1	Fund of satellite insurance	1. 8	1. 8
Intangible assets	294. 6	272. 4	Independent account liabilities	853. 4	823. 3
Independent account assets	853. 4	823. 3	Deferred income tax liabilities	117. 0	119. 2
Deferred income tax assets	181. 3	212. 0	Current accounts within group (Credit)	63. 4	54. 6
Current accounts within group (Debit)	55. 0	61. 8	Internal current accounts (Credit)	33. 4	65. 2
Internal current accounts (Debit)	34. 0	64. 4	Other liabilities	142. 4	186. 5
Other assets	1, 412. 3	1, 042. 2	Total liabilities	65, 582. 7	74, 450. 9
			Owners' Equity:	0. 0	0. 0
			Paid-in capital	3, 419. 8	3, 721. 0

Continued

Assets	Opening Balance	Ending Balance	Total Equity and Liabilities	Opening Balance	Ending Balance
			Capital reserves	2, 614. 9	2, 313. 0
			Less: Treasury share	0. 0	0. 0
			Surplus reserves	149. 8	174. 1
			Generic Risk Reserve	61. 9	81. 0
			Retained earnings	742. 1	1, 333. 1
			Foreign translation gain or loss	-0. 7	-0. 8
			Minority equity	906. 1	966. 7
			Total Owners' Equity	7, 893. 9	8, 588. 0
Total Assets	73, 476. 5	83, 038. 9	Total Liabilities and Owners's Equity	73, 476. 5	83, 038. 9

责任编辑：肖丽敏
责任校对：刘　明
责任印制：裴　刚

图书在版编目（CIP）数据

2014中国保险市场年报（2014 Zhongguo Baoxian Shichang Nianbao）／中国保险监督管理委员会编．—北京：中国金融出版社，2014.8
ISBN 978-7-5049-7405-1

Ⅰ．①2… Ⅱ．①中… Ⅲ．①保险市场—研究报告—中国—2014
Ⅳ．①F842.6

中国版本图书馆CIP数据核字(2014)第150245号

出版发行 中国金融出版社
社址 北京市丰台区益泽路2号
市场开发部 (010)63266347，63805472，63439533（传真）
网上书店 http://www.chinafph.com (010)63286832，63365686（传真）
读者服务部 (010)66070833，62568380
邮编 100071
经销 新华书店
印刷 北京松源印刷有限公司
尺寸 210毫米×296毫米
印张 8.5
字数 178千
版次 2014年8月第1版
印次 2014年8月第1次印刷
定价 130.00元
ISBN 978-7-5049-7405-1/F.6965
如出现印装错误本社负责调换 联系电话：(010)63263947